김서령의
이야기가
있는 집

김서령의 **이야기가 있는 집**

초판 1쇄 발행 2013년 12월 15일 **초판 2쇄 발행** 2014년 3월 10일
지은이 김서령 **펴낸이** 이영선 **편집 이사** 강영선 **주간** 김선정 **편집장** 김문정
편집 허승 임경훈 김종훈 김경란 정지원 **디자인** 오성희 당승근 안희정
마케팅 김일신 이호석 이주리 **관리** 박정래 손미경

펴낸곳 서해문집 **출판등록** 1989년 3월 16일(제406-2005-000047호)
주소 경기도 파주시 광인사길 217(파주출판도시) **전화** (031)955-7470 **팩스** (031)955-7469
홈페이지 www.booksea.co.kr **이메일** shmj21@hanmail.net

© 김서령, 2013
ISBN 978-89-7483-628-3 03610
값 18,000원

이 도서의 국립중앙도서관 출판시도서목록(CIP)은 e-CIP 홈페이지(http://www.nl.go.kr/ecip)에서
이용하실 수 있습니다.(CIP제어번호: CIP2013024897)

김서령의
이야기가
있는 집

개성 넘치는 18인의 집
아름다움에 · 홀리는 · 자연에 · 끌리는

김서령 지음

서해문집

들어가는 글
지금 내 몸이 놓인 공간을 사랑하는가

●

처음 중앙일보에 〈김서령의 가〉를 연재한 게 2003년이었다. 여러 사람들이 내가 하는 집 구경을 재미있어 해줬다. 그 덕분에 이런저런 집 구경을 꽤나 다녔다. 극장에서 불이 꺼지고 영화가 시작되기 전 잠깐 온몸에 전율이 일 듯 남의 집 낯선 문 안으로 들어설 때도 비슷한 떨림이 있었다. 한 인간과 마주앉아 그의 내부로 향하는 숨은 통로들을 발견할 때도 그런 끌림과 기쁨을 느꼈다. 인간이 소우주라는 말을 번번이 실감했고, 그가 깃들어 사는 집이 중우주라는 비유에도 새삼 고개를 끄덕였다.

어떤 공간 안으로 들어설 때 나는 그곳이 사납고 오만한지 순하고 겸허한지를 동물적으로 감각한다. 공간이 오만하면 그 속에 깃든 인간이 행복해지기 어렵다. 순하고 겸허해야 휴식도 가능하고 창조도 가능하고 사랑도 가능하다. 집을 짓는 목적이 바로 거기 있을 것이다.

사람은 어쩔 수 없이 깃들어 사는 집을 닮아간다. 유리와 철근과 시멘트로 둘러싸인 집에서 문을 꽉 닫아걸고 살면 호흡과 기운이 막혀버린다. 층간 소음이 심각한 사회 문제가 돼버린 것은 부실한 방음에도 원인이 있겠지만 우리 모두 옹졸하고 메마른 공간에 길들어 견딜힘이 그만큼 약해져 버린 탓일지도 모른다.

10년 전에 나는 집이 곧 사람이다, 라는 말을 겁 없이 뱉곤 했다. 이제 와서 그 언설이 잘못되었다는 건 아니지만 당시 무책임하게 뱉어놓기만 한 말에 나름대로 대안을 찾고 싶었다. 구체적인 방법이 있다면 제안하고 싶었다. 2011년 〈김서령의 이야기가 있는 집〉으로 타이틀을 바꿔 신문연재를 새로 시작하면서 나는 우리 사회의 피로와 불안과 결핍을 풀어줄 집을 찾으려 했다. 만약에 우리가 지금 앓고 있는 병통이 사는 집과 관련이 있다면 그 해결책은 무엇일까. 마을마다 산을 허물고 논을 메꾸어 하늘 높은 줄 모르고 올라간 저 울창한 아파트 숲을 당장 어찌할 것인가.

인간은 자신의 본성과 맞는 공간 안에 있을 때 활기가 생기고 영감을 얻는다. 이 책에 등장하는 열여덟 집 중에서 아홉 집이 한옥이다. 삼호당, 탁청정, 옥인동 집은 해묵은 한옥이고, 초은당, 묵은당, 배우헌은 새로 지은 한옥이며, 잔서완석루, 필당, 내촌 집은 한옥의 정신을 살린 21세기 시멘트 한옥이다. 일부러 의도한 것이 아닌데도 편하고 순한 공간을 찾다보니 발길이 절로 한옥으로 향하고 있었다는 것을 나중에야 알았다. 아니 마주 앉아 이야기할 때 메아리가 깊은 데서 울려오는 사람을 따라가 봤더니 그런 집이 나왔다는 편이 옳겠다.

한옥은 열린 집이다. 실내와 실외가, 인간과 자연이 분리되지 않고 연결되고 중첩되면서 순환한다. 유리문만 닫으면 시각 외의 감각은 완전히 차단되는 집이 아니라 바람결과 꽃내음과 빗소리가 무시로 파고드는 촉각, 후각, 청각이 모조리 동원되는 집이다. 바람과 햇볕이 자유롭게 들락거리고 우리 신체 구조와 본성과 정서에 알맞도록 진화한 집이다. 거기엔 이 땅의 풍토와 기후에서 수천 년을 살아온 선조들이 오랜 세월 생활로 터득한 지혜가 담겨 있다. 급격한 도시화, 산업화를 겪으면서 우리는 그런 집을 순식간에 내던져버렸다.

김영진과 박상희가 수리해서 사는 낡은 집도 넓은 의미에서는 근대한옥의 범주에 넣을 만하고, 문순우와 서용과 마영범과 함성호가 직접 고심해서 지은 집은 자신에게 가장 잘 어울리는 세상 하나뿐인 집이다. 간송미술관 뒤쪽 언덕에 놓인 전성우의 집은 약혼 기념으로 지어 금혼이 다가오도록 한 곳에 머물러 이야기가 넘쳐나고, 이옥순과 땅굴마님의 집은 다세대주택과 아파트라는 한계 속에서도 한 곳은 실내를 무섭도록 텅 비움으로써, 다른 한 곳은 깨알 같은 정리정돈 솜씨로써 제 색깔을 돌올하게 살려낸 집이다.

이 책은 그렇게 제 마음의 소리에 귀 기울여 자신의 집을 직접 지은 사람들의 이야기다. 직접 짓지는 않았더라도 자기에게 가장 잘 어울리는 공간을 스스로 찾아낸 사람들의 기록이다. 2013년 대한민국에서 제 집을 짓기란 결코 쉬운 일이 아니다. 그렇기에 이들의 이야기는 더욱 귀 기울일 가치가 있다.

이 책을 통해 이런저런 남의 집을 구경하면서 살 만한 살림집을 함께 고민하는 계기가 됐으면 좋겠다. 우리 모두는 소우주인 인간이 중우주인 집에 깃들어 대우주인 자연의 순리에 따라서 살아간다는 상징에 익숙해진 사람들이다. 한옥의 과학과 미학을 현대식 건축에 접목하는 논의가 좀 더 활발해질 수 있기를 감히 기대해본다.

취재에 동행해 멋진 사진을 남겨준 중앙일보 사진부의 신동연·권혁재·김성룡 기자에게 감사하고, 책 만드는 까다로운 과정에 얼굴 한번 찌푸리지 않은 서해문집 강영선 이사에게 깊은 우정을 전한다.

인간은 시간과 공간에 속해 있다. 우리 각자는 자신에게 최적인 공간을 만들어낼 책임이 있다. 그럴 때 우리를 감싼 시간은 온전히 우리 것이 된다. '지금 이 순간'이란 시간을 생생하게 맞닥뜨리게 해주는 건 공간이다. 크기는 중요치 않다. 문제는 자신이 그 공간을 얼마나 사랑하느냐다. 살림집에 그런 공간이 있을 때 나는 기꺼이 그를 행복한 사람이라 부르리라.

2013년 깊은 가을
북한산 자락 인월실에서 김서령

차례

4   들어가는 글

하나. 집, 아름다움에 떨리는

● 화가 서용의 양평 집
12   둔황敦煌 연가戀歌

● 인테리어 디자이너 마영범의 판교 집
32   아름다움의 끝은 어디인가

● 한복 디자이너 김영진의 한남동 '차이'
54   헐렁한 집과 파격의 옷

● 전방위 예술가 문순우의 안성 '고칠현삼'
74   낡고 오래된 물건을 향한 편애

둘. 집, 기품이 넘치는

● 화가 전성우의 성북동 집
92   거기, 마음 속 깊은 닻

● 수월당 이미령의 안동 '탁청정'
112 세월의 두께 속에 반지르르한 살림살이

● 선비 권오춘의 양평 '초은당'
132 한옥에 앉아 있으니 춤추고 싶어라

● 학고재 대표 우찬규의 팔판동 '삼호당'
152 탐매와 문향과 매화음이 넘나드는 곳

셋. 집, 새로움에 홀리는

● 조각가 박상희의 팔판동 집
170 등마다 불이 켜지면 전혀 다른 풍경인 것을

● 시인·건축가 함성호의 일산 '소소재'
188 고래 뱃속을 타고 바람이 넘나드는 곳

● 인도학자 이옥순의 평창동 집
202 텅 빈 거실서 찾은 인도 향기

● 국어선생 송승훈의 남양주 '잔서완석루'
220 낡은 책이 있는 거친 돌집

● 땅굴마님 이혜선의 남양주 '그곳에 그집'
240 "난 살림이 좋아요"

넷. 집, 자연에 끌리는

● 화가 박대성의 경주 '목은당'과 '통천옥'
260 먹 속에 숨은 섬과 하늘로 뚫린 감옥

● 도예가 김형규의 장성 '백우헌'
278 저 너머 설산의 흰 소가 달항아리 빚는 곳

● 건축가 김원의 옥인동 집
298 비 갠 후 인왕산의 산색이 들어오는

● 출판인 조상호의 광릉 집
318 창밖 나무들의 사계가 온통 눈앞에서 흔들리고

● 건축가 정현화의 역삼동 '필당'
336 모든 방은 자기만의 밖이 있다

하나。

집, 아름다움에 떨리는

화가 서용의

양평 집

●

그곳엔 원시 자연으로만 창을 내고
내면으로 서로의 손을 꽉 잡은 가족이 산다

둔황 敦煌
연가 戀歌

●

　서용·서해경 부부는 특별한 커플이다. 혼인 과정, 아이 기르는 방식, 각자의 혼을 쏟아 붓는 그림, 뒤늦은 둘째 임신, 집짓기와 정원 가꾸기에 관한 언설들이 모두 혼자 듣기 아깝게 찬란하다.
　아내 서해경은 최근 둘째를 임신했다. 오랫동안 기다려온 아기다. 첫딸 희진을 낳던 날부터 둘째를 염원했다니, 14년 만에 드디어 임신에 성공한 쉰 아빠와 마흔 엄마의 얼굴에는 달리아 같은, 해바라기 같은, 수국 같은 웃음이 잔뜩 물렸다. 그게 집 전체를 환하게 밝히고 있다.
　세상사가 겉보기와는 다르다는 것을, 인생엔 여러 이면이 있을 수밖에 없다는 것을 모를 내가 아니련만 서용·서해경 부부를 만날 때면 나는 번번이 마음이 밑바닥까지 환해졌다. 아마도 둔황 부치님이 이 부부의 업장을 말끔히 녹여 모난 것도 비뚤어진 것도 둥그렇게 만들어 주셨는지도 모르겠다.
　집은 산골짝 깊숙이 놓였다. 서울에서 한 시간 거리지만 워낙 골짜기인지라 행인도 상가도 간판도 불빛도 전혀 없다. 보이느니 산과 나무와 하늘, 들리느니 뒷산에서 흘러내려와 집 뒤란에 문득 못을 만든 계곡물과 바람 소리뿐이다.

　이 가족은 오랫동안 중국에서 살았다. 첫딸 희진을 구이린桂林에서 낳았고, 세 식구가 둔황敦煌에서 7년을 살았다. 둔황은 인구 12만 명의 자그마한 사막 도시지만 불가사의한 벽화로 뒤덮인 모가오쿠莫高窟(막고굴)가 있다. 그 고요한 회색 도시를 그리워해 세 식구는 1년에 한두 차례는 반드시 둔황으로 간다.

　'둔황', 1년 강우량 37밀리미터에 증발량 2500밀리미터인 중국 서북쪽 고비 사막 안의 오아시스 도시. 대상 행렬이 쓸쓸한 방울소리를 울리며 서역으로 고행 길을 떠나고, 서역에선 물건을 싣고 와 중국 땅으로 들어서는 첫 지점인 실크로드의 중심지. 둔황은 중국과 서역을 잇는 시작이자 끝 지점이었다.

　서울대 미대 학생일 때 서용이 관심을 가진 장르는 벽화였다. 벽화라면 세계 그 어느 곳보다 둔황의 모가오쿠에 가서 공부하리라고 별렀고, 때가 되자 그리로 달려갔다.

　"둔황 시에서 차로 30분쯤 가면 모가오쿠가 나와요. 모래가 운다는 밍사明沙 산의 동쪽 끝 절벽에 1.6킬로미터에 걸쳐서 벌집마냥 촘촘히 석굴을 파서 조성해 놓았죠. 여기 벽화와 조각상이 빽빽하게 들어차 있어요. 고구려에 불교가 처음 전해질 무렵이니 지금부터 1600년 전쯤 되네요. 중국 전진(366년) 낙준樂俊 선사라는 분이 이곳을 지나다가 문득

금빛이 번뜩이는 것을 보고 천불이 내려와 있는 것 같다면서 처음으로 석굴을 만들어요. 그 후 시간이 흐르면서 승려와 부호와 관리 들이 하나씩 굴을 파서 불상을 조상造像한 것이 늘어나서 원나라까지 10개 조대, 1000년에 걸쳐서 석굴 492곳을 일구었어요."

모가오쿠에 현존하는 조각상 3000개는 35미터에서 10센티미터까지 크기도 다양하다. 벽화는 총 면적이 4500평방미터인데 이것을 1미터 높이로 나열한다면 45킬로미터에 달한다.

아무튼 서용은 누가 부른 듯 둔황으로 갔고, 거기 흠뻑 빠져서 현실을 잊었다. 해가 뜨면 석굴로 들어가 해가 지면 석굴에서 나왔다. 어느 시대 누가 그린 줄도 모르는, 채색과 표정이 선명한 불상들을 자신의 화면에 옮겨 그리기 시작했다. 해 지면 굴에서 나가는 것이 원칙이었지만 나중에는 경비원과도 친해져 어둠 속의 벽화도, 달빛 속의 벽화도 몸으로 느꼈다. 그만큼 서용은 모가오쿠의 내부로 녹아들어갔다.

나는 서용이 그린 둔황 석불들을 2003년 평창동 가나아트센터에서 우연히 구경한 적 있다. 화면에서 뿜어져 나온 기운에 잠깐 아뜩했다. 무심코 들어간 전시장을 두세 시간 맴돈 것은 특별한 경험이었다. 1000년 전 그림처럼 낡고 바랜 화면이었고 심지어 흙 조각 일부가 삭아서 떨어져나간 흔적도 보였다. 화가는 1000년이나 그 이전에 사라졌을 듯하고 중국인이어야 마땅할 듯했다. 그런데 마흔 초반밖에 되지 않은 한국인인 걸 알고 어안이 벙벙했다. 무언지 전생과 인연과 초월 같은 낯선 구덩이로 푹 빠뜨려진 기분은 내 안 어딘가에 남아 사금처럼 빛나고 있었다. 그것을 털어놓았더니 서용은 유쾌하게 "원래 만날 사람은 만나게 돼 있는 겁니다." 라며 특유의 부처 웃음을 짓는다.

벽화와 조각으로 뒤덮인 492개 동굴을 보고 그리고 탐색하고 연구하는 일은 숨이 턱턱 막히면서도 행복했다. 봄과 여름이, 가을과 겨울이 고속 촬영한 화면처럼 서용과 둔황 석굴을 감싸 안으며 지나갔다. 캔버스는 차츰 천에서 흙으로 변했고, 물감은 화학물질이 아닌 천연물질로 바뀌었다. 그렇게 6, 7년이 흐르자 마침내 둔황 벽화 아닌 서용의 채색 그림이 화면 위로 턱턱 올라앉는 경지가 됐다.

"둔황 석굴은 건축, 조소, 벽화라는 3개 장르가 결합된 종합 예술이에

요. 둔황은 중국의 3대 석굴로서, 다른 두 곳인 뤄양洛陽의 룽먼龍門 석굴, 산시陝西 성 다퉁大同의 윈강雲崗 석굴과 다른 점이 있어요. 이곳은 10개 조대에 걸쳐 1000여 년 간의 시대별 변화 양식을 한눈에 보여주거든요. 벽화 내용도 다른 석굴과는 비할 수 없이 다양해요. 석가모니불, 3세불, 7세불, 미륵불 등의 불상과 관음, 대세지, 문수, 보현, 미륵, 지장 같은 보살상, 천용팔부天龍八部 등이 다 등장해요. 고사화故事畵는 불경을 그림으로 보여주는 것인데 석가모니 전생도 보여주고 중생을 교화시키는 내용도 있어요. 신화화神話畵는 중국에서 자생한 민간 신화의 주인공을 그린 것으로 서왕모, 복희, 여와, 백호, 청룡, 주작, 현무, 풍신, 우레신 등이 다 나타나요. 서위시대에 만들어진 제249굴에는 전통신화를 소재로 한 벽화가 있는데 고구려 고분 벽화에 나오는 수렵도와 비슷한 그림도 있지요."

　둔황 이야기를 어찌 한두 시간에 끝낼 수 있으랴. 나는 아직 둔황과 밍사 산에 가본 적이 없다. 그러나 비온 뒤 거짓말처럼 허옇게 양파꽃으로 덮인다는 밍사 산의 풍경을 전생의 기억처럼 간직하고 있다. 그건 대학시절 은사인 김춘수 선생님의 시에 관한 것이다.

　그분은 특별히 고비 사막과 둔황과 불상과 낙타에 매료된 한 시절을 겪으셨던 듯하고, 지난 밤 꿈에 봤다면서 홀린 듯 밍사 산과 누란이란 사라져버린 나라의 양파꽃 얘기를 하셨다. 누란, 그 '밍사 산 저쪽에는 십 년에 한 번 비가 오고 비가 오면 돌밭 여기저기 양파의 하얀 꽃이 핀다. 언제 시들지 모르는 양파의 하얀 꽃과 같은 나라 누란.' 스무 살의 내게 선생이 가벼운 수전증으로 손을 떨면서 얘기하던 시가 이렇게나 내면 깊숙이 박혀 있었다는 사실을 나는 서용의 그림을 보면서 알게 됐다.

　서용은 둔황을 그림으로만 그린 것이 아니다. 둔황 벽화의 역사와 특징을 추적해 〈둔황 벽화의 재료와 기법에 관한 연구〉로 란저우蘭州 대학에서 박사과정도 마쳤다. 그런 후 귀국해 동덕여대에서 학생을 가르치면서 양평군 강하면 산골 깊이 들어와 작업을 계속한다. 이제 둔황은 서용 내부로 들어왔다. 서용이 그린 불상도는 여느 절에서 보던 것과는 확연히 다르다. 안목 있는 스님들이 그에게 후불탱화를 주문한다니 그는 어느새 불화 전문가가 되었다.

　흙판은 둔황에서 가져왔다. 그 흙판에 그린 서용의 '낡은' 그림들은 직접 지은 천정 높은 작업실 안에 줄줄이 서 있다. 그림 앞에 서서 나는 또 한 번 호흡을 가다듬어야 했다. 작업실에는 낮은 창을 아예 없앴다.

　"계절마다 이 골짜기 풍광이 너무 좋아요. 바깥 내다보느라고 그림에 몰두하지 못하면 안 되잖아요?"

　그 대신 천정 아래로만 광창을 뚫었다. 둔황 석굴에 갇혀 그림 그리던 날의 치열함을 잊지 않기 위해서다.

　집은 현관을 사이에 두고 두 부분으로 나뉜다. 오른쪽은 작업실, 왼쪽

은 생활 공간! 양쪽은 나뉘는 듯 이어진다. 작업실 위 침실이 거실 2층 베란다와 연결되는 구조다. 위층 거실 호젓한 곳에는 안주인 해경 씨가 기도하는 공간을 뒀다.

작업실이 창에 인색했다면 거실은 사방 가득 창을 뚫었다. 거실은 돌출되어 세 방향이 트였고, 뒤쪽으로도 창을 크게 냈다. 실내와 실외의 구분이 없을 정도로 밝다.

"이 골짜기가 동북향으로 앉았어요. 요새는 자재가 워낙 좋아 향向 개념은 중요치 않지만 햇볕을 충분히 받으려고 남쪽 창을 크게 냈지요."

내다보이는 뒤뜰에는 옛 기와를 얹은 돌담이 구불구불 쌓였다.

"돌은 터 다질 때 나온 걸로 충분했고, 친구가 헌 기와를 한 트럭 가져다주기에 재미삼아 쌓아봤어요. 그랬더니 저런 자연스런 곡선이 생기데요."

자로 잰 듯 반듯한 것들이 은연 중 우리를 피로하게 만들어왔다는 걸 자연스럽게 휘어진 담장을 보고 나니 새삼 알겠다. 틈만 나면 서용은 저렇게 돌을 쌓고 연못을 파고 나무를 심는다.

집 지은 건 6년 전, 그러나 공사는 여태도 진행 중이다. 얼른 손 떼고 완성하지 않는 이유는 '집을 손보는 게 취미'인 까닭이다. 해마다 조금씩 매만지고 덧대고 구조를 바꾼다. 재작년에는 돌담을 쌓았고 작년에는 연못을 만들었고 올해는 마당 깊이를 낮췄다. 집에서 올려다 보이는

아래는 두터운 통나무로 만든 식탁.
오른쪽 벽엔 아내의 그림,
왼쪽 벽엔 남편의 그림이 마주보고 걸려 있다

앞뜰의 연못이 내다보이도록 계단참에 창문을 크게 냈다.
벽엔 참을 파 부조 불상을 세워뒀다

부부는 이 의자에 앉아
창 밖의 너른 풍경을
내다본다

중국에서 쓰던 엄청나게 길쭉한 목재 콘솔.
그 안에 돌구유를 뒀다

벽 모퉁이에 걸린 것은 서해경의 그림

산등성이 소나무에 다가가 수형이 아름답도록 가지치기도 했다. 둔황 시절부터 함께하는 튼실한 서역 청년이 오른팔이 되어 그를 돕는다.

거실 앞 데크 중간에 키 작은 소나무가 한 그루 자라기에 위치가 낯설어 멈춰 섰더니 얼른 다가와 해설한다.

"데크 만들 때 방부목이 딱 이만큼 모자라데요. 사러 가기도 귀찮고 해서 그 공간만큼 비워두고 잔디와 소나무를 심었죠. 그랬더니 다들 일부러 그렇게 디자인한 줄 알아요."

서용은 그림만 보면 수십 번의 전생을 경험한, 나이가 천 살쯤 먹은 사람 같지만 막상 마주 앉으면 몹시 장난스럽고 쾌활하다. 자신의 혼인에 얽힌 이야기를 어찌나 드라마틱하게 하는지 같이 간 사진기자와 나는 박장대소를 거듭해야 했다.

서용·서해경은 달성 서씨 동성동본이다. 베이징중앙미술학원에서 그림 공부를 하는 중에 만났다. 당시 베이징 한국대사관의 고위 외교관이던 해경 씨 부모님은 열 살이나 손위인 학교 선배 서용에게 딸을 돌봐달라고 당부하면서 귀국했고, 그 후 둘은 정석대로 사랑에 빠진다.

"어느 날 '아저씨'가 기숙사 내 방에 와서 손을 벌려보라고 해요. 그랬더니 양손에 가득 사탕을 쥐어주데요. 이상했어요. 그날부터 '아저씨'가 엄청 좋아지기 시작했어요."

한국에는 아직 동성동본 금혼제가 살아 있었다. 서용은 서해경와 결

땅에서 나온 돌을 자연스럽게 구불구불 쌓고
그 위에 기와를 얹었다

혼하기 위해 캐나다 이민을 신청했다. 사랑에 빠진 이야기와 동성동본끼리는 혼인하지 못하는 한국 법률과 이민을 해서라도 사랑을 이루고 싶은 소망을 담은 에세이를 절절하게 썼다. 그랬더니 사연에 감동한 캐나다 이민국에서 둘을 적극 환영한다는 답신이 왔다.

"그때는 이미 둔황에 깊이 빠져 있었어요. 이토록 신비하고 아름다운 둔황을 두고 캐나다로 떠날 수가 도저히 없더라고요. 그렇게 미적거리는 사이 한국에서 동성동본 금혼법이 폐지가 되데요."

아마도 둔황 부처님들이 힘을 모아 이 연인을 도우셨을 게다. 혼인하면서 그는 어린 아내에게 약속한다. 결혼 10주년 기념으로 언덕 위에 하얀 집을 지어주겠다고! 1997년 혼인하고 2005년 이 하얀 집을 지었으니 약속은 조기 달성됐다.

둔황에서 날라온 흙판 위에 채색하고 긁어내고 덧칠하고를 반복하는 남편 곁에서 아내 서해경은 템페라 그림을 그린다. 드물게 태어나는 아내의 그림 역시 전통 민화의 아우라를 머금어 은은하고 평화롭다.

참, 이집 따님 희진이! 학원도 안가고 과외도 받지 않는, 외딴 집에 사는 희진이는 이미 예술가다. 자연과 사물의 변화를 응시하고 관찰하는

눈이 또래 수준을 훌쩍 넘겼다. 초등학교 1학년부터 왕복 한 시간 가까운 산길을 혼자 걸어 다녔으나 무섭지도 심심하지도 않았다는 희진이는 이미 소설 원고를 두툼하게 써 둔 작가다. 부모와 달리, 조형이 아니라 '이야기'에 빠졌다는 희진이의 깊디깊은 눈망울을 나는 경이에 가득 차서 들여다봤다.

●
덧붙임
　양평군 강하면에는 둔황 석굴 같은 화실이 있다. 도시와는 단절되고 원시 자연으로만 창을 내고 서로 내면으로 손을 꽉 잡은 이들이 사는 이곳에 새가족이 생겼다. 해경 씨 뱃속에 있던 생명이 탄생해 부모와 누나를 제치고 이 하얀집의 중심인물이 되었다. 아들 한결을 안은 서용 부부의 얼굴은 모가오쿠의 삼천 부처, 그중에서도 최고의 환희심에 젖어 있는 부처였다.

인테리어 디자이너 마영범의

판교 집

●

눈앞에 있는 것을 기꺼이 부술 줄 안다
기존의 가치에 쉼 없이 의문을 품을 줄 안다

아름다움의 끝은
어디인가

●

　　청담동 소갤러리에서 인테리어 디자이너 마영범을 만났다. 살림집을 찾기 전에 작업실을 먼저 보는 예열 작업이랄까. 그날 나는 꽤 충격을 받았다. 연대와 용도와 물성에서, 그토록 종류가 다양한 물건들을 그토록 순결할 정도로 정연하게 늘어놓은 공간도 놀라웠지만 주인 마영범의 솔직한 태도와 정곡을 찌르는 이야기에 매료됐고, 오랜만에 눈에 비늘이 떨어지는 상쾌함을 맛보았다.

　　귀 얇은 나는 그의 입에서 발음된 낯선 아티스트의 이름을 잔뜩 메모해왔다. 돌아와서는 수시로 그 이름을 검색하느라 바빴다. 한스 베그너, 폴 키에르홀름, 아르네 야콥센, 프랭크 로이드 라이트, 퍼렐 윌리암스, 지노 사파티, 잉고 마우러, 찰스 앤 레이 임스, 핀 율, 디터 람스, 이사모 노구치, 찰스 레니 매킨토시…… 그리고 디자인 회사 와이카미와 스틸노보까지.

　　그가 말한 정용선의 《장자, 마음을 열어주는 위대한 우화》와 다니자키 준이치로의 《음예공간예찬》을 사서 밑줄 치며 맹렬하게 읽어댔다. 그날 마영범은 이렇게 말했다.

"지금까지 장자 책을 15권쯤 읽었는데 정용선 선생 책이 최고예요. 내가 나가는 경원대학에 출강하신다기에 찾아갔지요. 팀을 모을 테니 강의해 달라고 애걸해서 친구들과 1년째 장자 강의를 듣고 있어요. 그분은 내가 알던 여자들과 유형이 전혀 달라요. 나는 여태 여자라면 이쁜지 아닌지 그것만 따졌거든요."

그는 압구정동 오렌지족 1세대로, 그 동네에서 어지간히 놀면서 컸다. 대학에선 서양화를 전공했고 졸업 후엔 잠깐 미술교사로 일했으나 우연한 기회에 한복 디자이너 이영희 매장을 꾸며주면서 인테리어 디자이너가 된다.

"솔직히 별생각 없이 재미로 한 일이죠. 근데 상도 받고 돈도 생기니 기분이 좋더라고요. 25년 넘게 이 바닥에서 일했어요. 그러다가 예쁜 것의 허망함을 알게 됐어요. 인테리어 디자인이란 아무리 훌륭해도 2, 3년이면 제 수명을 다하거든요."

그동안 압구정동·청담동 일대 카페, 레스토랑을 200곳 넘게 디자인했지만 이제 거의 사라졌다. 사라지는 것에 공들이는 것이 몹시 허탈했다. "아름다움의 끝은 허망이에요." 그러고 보니 경쾌한 말투 속에 슬쩍 지나가는 그늘이 있다.

그는 음예공간을 놓고도 몹시 매력적으로 얘기했다.

"옻칠한 그릇에 검은 양갱을 담아내오잖아요? 촛불을 켠 방안에서 옻칠과 양갱의 윤이 고요하게 빛을 반사하는 것, 그걸 음예라고 한답니다. 그늘도 아니고 어둠도 아니고 어스름 같은 것. 공간과 공예에 대한 일본인의 미의식을 보여주는 책이에요."

 인터뷰이는 앞에 앉은 사람을 마주봐야 한다. 그래야 그의 속으로 편안하게 진입할 수 있다. 일단 올려다보기 시작하면 그의 말을 앵무새처럼 받아 적는 것 말고는 할 게 없다. 그런데 나는 어느새 마영범을 저 높은 곳에 올려놓는 우를 범하고 말았다. 설마 그가 디자인 역사에서 최고로 평가받는, 떠르르한 족보를 가진 오디오, 조명등, 의자, 테이블 앞에 앉아 있기 때문은 아닐 테고, 지난 20년간 '마영범 디자인'이라는 라벨로만 사람을 혹하게 만들었다는 감각에 눌린 것도 아닐 것이다. 한 달이면 책 12권, CD 12장, LP 12장을 소화한다고 소문난 문화 폭식에도 놀랄 수야 있겠지만 우러러 볼 일은 아니다.

 내가 마영범에게 괄목한 것은 다른 부분이다. 그는 눈앞에 있는 것을 기꺼이 부술 줄 안다. 기존의 인식, 지식, 가치, 관념에 쉼 없이 의문을 품는다. 굳이 말하자면 철학의 길로 들어선 디자이너다. 그것이 내 찬탄의 근거였다.

 "좋은 디자인은 껍데기를 잘 만드는 기술이 아니라 사물의 본질에 접근하는 눈이거든요. 3년 정도 장자를 읽다보니 '각득기의各得其宜'란 말이 가장 와 닿았어요. 사람마다 각기 다른 생각이 존재하고 그걸 인정해

야 한다는 뜻이지요."

　1, 2년이면 사라지는 것 말고 아들에게도 자랑할 수 있는 디자인을 하려면 공예로 눈을 돌려야겠다 싶었고 그러자 보이는 게 많아졌다.

　"전통악기를 만들고 싶었어요. 그 중에서도 거문고에 꽂혔죠."

　거문고 디자인을 하기 위해 요즘은 거문고를 배우고 있다. 뭐 이런 희한한 인간이? 불편한 심정을 안은 채 나는 며칠 후 마영범의 판교 집으로 갔다.

　집은 멀리서도 이미 주인의 느낌이 확연했다. 간결하고 희고 빛났다. 군더더기를 모조리 지운 것과 한 지점에 구리판을 씌운 외양이 마영범 작업실 한 벽면을 가득 채운 디터 람스의 오디오와 흡사했다.

　"디터 람스는 내가 가장 좋아하는 디자이너예요. 그의 디자인은 미적 기준과 기능적 기준이 적정하게 균형을 이뤄요. 50년대 나온 디자인인데 지금 아이팟과 비교해 전혀 낯설거나 어색하지 않잖아요. 어떤 주거 환경에서도 잘 어울리도록 흰색으로 칠했고 모듈화시켰단 말입니다. 디터 람스는 비례가 딱딱 맞아요. 디자인에선 비례를 갖고 있는 사람이 이기는 사람이에요. 비례를 갖는다는 것은 본질을 갖는 거거든. 르꼬르뷔제의 모듈이 있고, 몬드리안의 비례가 있잖아요?"

　디터 람스의 물건을 전부 다 챙겨가진 디터 람스 마니아가 지은 살림집이니 디터 람스가 느껴지는 것은 당연하다. 요컨대 거기엔 마영범의

비례가 있다.

외관은 단순하지만 내부는 다채롭다. 대지 75평에 아래층 35평, 2층 25평. 현관 입구엔 초록빛 창살이 있는 태국의 전당포문을 그대로 옮겨 놓았다. 돈 받는 창구와 물건 진열하는 유리 진열장이 있는 나무 문틀이 이 집만의 독특함을 보여주고 있다.

그의 집은 사무실과 마찬가지로 디자인 명품의 전시장 같다. 조지 나카시마의 데이블에 핀 율과 찰스 앤 레이 임스의 의사에 이사모 노구치의 조명등에 해주 소반과 큼직하고 어리숙한 목어가 만들어내는 방안 풍경, 그 '공기감'을 나는 말로 설명할 재간이 없다. 마영범은 인테리어 디자이너의 정의를 '공간의 공기감을 만들어내는 사람'이라고 했다.

"공간 안에 들어서면 우선 거기 있는 물건의 색과 형태를 보지만 곧 물성이 지닌 결과 질감을 느끼게 되고 결국 그 결과 질감이 만들어내는 공기를 감지하게 되거든요. 인테리어란 바로 그 공기의 감각을 디자인 하는 겁니다."

방은 모두 아홉 개다. 욕심을 꽤 부렸다. 지하에 침실과 음악실이 있고, 1층에 거실 둘과 부엌과 침실 하나가 있고, 2층에 아들 방, 딸 방 하나씩 있다.

아들방의 문을 열고 들어가면 사방이 벽으로 둘러싸이고 하늘로만 둥근 창이 뚫린 명상하는 방이 또 하나 있다. 창이 없으니 외부와는 완전히 단절되었다. 지금 고등학생인 아들이 다른 건 기억하지 못하더라도 '내 방 곁엔 아버지의 명상실이 있었어. 그 방엔 아버지가 좋아하는 이런저런 물건들이 있었지.' 라고만 기억해줘도 녀석의 삶에 영향을 미칠 수 있을 듯했다. 그래서 일부러 공간 배치를 그렇게 했다.

2층은 바닥이 같지만 아래층은 방 높이가 제각각이다. 자연히 바깥을 내다보는 시점도 매번 바뀐다. 의자가 놓인 거실에서 세 계단을 올라가면 좌탁을 앞에 두고 앉는 거실이다. 천장 아래 길쭉한 가로창이 뚫려 하늘이 가득 들어온다. 여기는 마영범의 독서공간이다. 너른 책상 위 독서대에 다석 유영모와 비트켄슈타인의 전기가 놓여 있다.

"전기에 흥미가 있어요. 한 사람이 일생동안 어떻게 변화해 나갔는지를 따라가 보는 거죠."

창 앞에 놓인 것은 조지 나카시마의 화지를 붙인 문갑이다. 조지 나카시마는 특별히 좋아하는 디자이너로, 그의 굴절 많은 일생을 마영범은 줄줄이 읊는다. 몇 해 전 아트페어에서 가격을 보고 기함한 적 있는 나카

조지 나카시마의 의자가 놓인 서재

벽에 나무 가림막을 설치한 앉는 거실이다.
문갑은 역시 조지 나카시마의 것

시마 테이블과 의자와 조명등과 문갑이 마영범의 집엔 이케아 가구처럼 아무렇지도 않게 뒹군다.

"'당신이 먹는 음식이 바로 당신이다'란 말이 있지요? 마찬가지로 그 사람이 쓰는 일상용품이 곧 그 사람입니다. 일상은 스스로에게 가치 있는 물건을 선별하는 과정이고, 그 과정에서 문화가 만들어진다고 생각해요. 일상용품에 미학을 집어넣을 줄 아는 것이 문화예요. 체험만이 내 세상이거든요. 스티브 잡스가 아이폰을 만든 것이 우연은 아니었다는 것을 그의 전기를 읽고 알았어요. 그는 어릴 적부터 조지 나카시마의 가구들을 쓰면서 자랐더군요. 그러니까 최고의 디자이너인 조너선 아이브를 애플로 불러올 수 있었죠. 조너선 아이브는 디터 람스를 자기 멘토로 삼아 모든 애플 디자인에 적용했어요."

그러니까 마영범의 집에 있는 물건들, 소문난 의자와 테이블과 조명등과 오디오는 사치가 아니라 공부다.

"최고를 경험하지 않으면 고객에게 아무것도 제안할 수 없어요. 고전을 공부하지 않으면 디자인의 본질을 파악할 수 없어요. 본질을 모르면 고객 앞에서 이건 왜 예쁘고 저건 왜 예쁘지 않은지를 설득할 수 없거든요. 나는 부자가 아니에요. 내가 돈 버는 데 관심이나 있었겠어요. 그동안 이베이와 옥션을 뒤지며 물건 사들이기에 바빴지. 그 대신 미의 극단까지 가봤다고 자신합니다. 극단까지 가 봐야 그것의 허망함을 알 수 있거든요."

이야기는 천의무봉하게 쏟아졌다. 공부와 경험과 깨달음이 뒤섞인 내용이었다. 사용하는 단어는 정교했지만 감각의 부질없음을 알고 있는 사람의 어투였다.

"일단 여기 앉아보세요. 나카시마 의자는 사람 몸을 껴안듯 편안하게 받아줘요. 엉덩이 부분을 한번 보실래요. 흡사 아이스크림을 숟가락으로 떠낸 듯하지요?"

또 다른 의자 자노티 앞에서 그는 〈아마데우스〉의 모차르트처럼 투명하게 말한다.

"여기 앉아 바깥을 한번 내다봐요. 저절로 하늘을 쳐다보게 되지요? 하늘을 보도록 의도적으로 각도를 맞춰놨어요."

1층은 부엌과 입식거실. 부엌에서 여섯 계단을 올라가면 천정 높은 열린 서재가 있고, 서재에 이어진 다용도 방이 하나 있다. 나중에 어머니가 오시면 어머니 방으로 쓰기 위해 만들었다. 서재에서 기역자로 꺾어 내려가면 부부침실이 나온다. 침실로 내려가는 계단 옆에는 벽면에 두른 나무 위로 레이저를 이용해 글자를 새겼다.

벽면 글귀는 히브리어로 쓰인 '진리가 너희를 자유케 하리라'와 한자로 쓰인 '天之蒼蒼 其正色耶!'. 둘 다 생각의 극점까지 닿아 더 이상 할 말이 없어지는 문장이다. 성경 구절은 누구나 알 만한 의미이고, 〈장자〉

부엌 앞, 빛이 쏟아져 들어오는 식탁.
조명들과 의자의 붉은색이 실내를 유쾌하게 만든다

이층 계단 곁을 오르면 바로 만나는
자그만 손님용 화장실

오디오 룸으로 내려가기 전 오래된 영화 포스터를 그림처럼 벽에 걸었다.
거기서 찬란한 이야기가 쏟아져 나온다

'하늘은 푸르디푸른데
그 색이 정말 푸른 것일까'

20년 전 결혼하며 '까사미아'에서 샀던
나무침대를 그대로 쓰고 있다

세기의 디자인 명품들로 가득찬 방.
벽에 붙여둔 것이 영화 〈졸업〉에 나오는 크레아톤 오디오

에서 따온 구절 '천지창창 기정색야'는 '하늘은 푸르디푸른데 그 색이 정말로 푸른 것일까'다. 우리가 평소에 무의식적으로 지니고 있던 인식, 지식, 가치, 관념을 다시 한 번 검토해보라는 지적이다.

이 집을 소개한 디자이너 김영진은 내게 이렇게 말했다. "마 선생님 댁에는 철학이 있어요!" 마영범의 권유대로 정용선이 해설한 장자를 읽으면서 나는 이 집 당호를 내 멋대로 '천지창창 기정색야'로 붙이기로 정했다. 그의 눈은 새로울 뿐더러 본질에 닿는다. 기존의 가치에 얽매이지 않는다.

침실에서 다시 몇 계단 내려가면 이 집에서 가장 너른 공간이고, 마영범이 가장 오래 머무는 오디오 룸이 나온다. 벽엔 커다란 카약을 걸었다. 거문고도 걸어뒀다.

거기서 나는 전율할 만한 소리를 들었다. 집채 만한 스피커에서 나온 북소리의 진동이 실제로 몸을 쿵쿵 울렸다. 일상의 경계를 벗어나는, 다른 차원으로 이동하는 경험이었다.

"이건 한국인 최초로 그래미 상 최고기술상을 수상한 황병준이 송광사 새벽예불을 녹음한 겁니다. SA CD 멀티채널이라고 인간이 들을 수 없는 음역대의 소리들을 다 녹음했어요. 귀로는 못 들어도 감각으로는 들리거든요."

소리에 넋이 나간 우리 앞에서 그는 계속 말했다.

"발전은 한 놈 때문에 이뤄져요. 세상은 빼어난 한 놈 때문에 변한다니까요. 〈영산회상〉과 송광사 새벽예불을 인간의 귀로는 포착할 수 없는 음역대까지 녹음하는 미친 짓을 하는 인간이 있으니까 우리가 지금 이런 소리를 듣는 거 아닙니까."

빼어난 인간에 대한 그 예찬은 마영범 자신이 어떤 삶을 지향하는지를 은근히 시사한다. 그의 집에 놓인 오디오, 조명등, 의자, 테이블은 대개 1950년대에 생산된 것들이다. 디자인 역사에서 최고로 평가받는, 떠르르한 족보를 가진 것들이다.

"제2차 세계대전 직후라 그런지 당시 디자인들이 가장 훌륭해요."

클레어톤 오디오도 그는 둘씩이나 갖고 있다.

"LA에 있는 필립 스탁이 디자인한 호텔에 갔다가 로비에서 우연히 카탈로그를 봤어요. 영화 〈졸업〉에서 로빈슨 부인이 더스틴 호프만을 만날 때 뒤쪽에 놓였던 발 달린 앰프가 바로 이거예요."

그는 앞에 있는 것이 아니라 지나쳐간 과거에서 새로움을 본다. 본질로 회귀하는 것이 또 다른 새로움임을 알게 됐다고 한다. 그는 몇 해 전부터 통영 12공방 장인들과 협업하고 있다. 그들의 자개, 옻칠, 소반, 소목, 대나무발, 마미채(말꼬리로 만든 채) 만드는 기술을 자신의 디자인과 만나게 하는 작업이다.

"장자를 공부하니 트렌드를 만드는 본질이 뭔지를 알겠더라고요. 공예라는 가장 작은 단위가 가장 크게 세상을 바꿀 수 있겠다는 생각이 들었어요. 굉장히 로테크적이고 아날로그적이지만 나는 이제 공예로 갈 겁니다. 장자를 공부하고, 장인과 협업하고, 나만의 거문고를 만들고!"

지금껏은 전시회를 위한 협업이었다면, 이젠 일상에서 사용가능한 물건을 만들려고 한다.

중학생인 그의 딸이 독특하게 칠한 손톱을 들고 아빠에게 달려왔다.

"어때요, 굉장하죠? 이 녀석이 진짜 아티스트예요. 내가 깜짝깜짝 놀란다니까요!"

'아버지 마영범'은 왠지 어색하지만 그래도 그는 자식 앞에 입이 죽 찢어지는 아빠다. 세계 최고 명품 속에서 자라난 '천지창창'의 아이들이니 앞으로 뭐가 돼도 될 것이고, 아버지가 원하는 '빼어난 한 놈'으로 자랄 것이다. 이 기분 좋은 기대감이야말로 천지창창의 '공기감'이다.

그날 마영범은 내게 밑이 푸른 유리컵을 몇 개 나눠 주었다. 그 유리컵으로 물을 마실 때마다 나는 하늘은 정말 푸른지를 되묻곤 한다.

한복 디자이너 김영진의

한남동 '차이'

●

옷 보는 눈과 집 보는 눈이 다르지 않아
눈 두는 곳마다 빛과 결이 다 차분하니

헐렁한 집과
파격의 옷

●

　처음 김영진 한복을 본 것은 국어교사 송승훈의 남양주 집 '잔서완석루'에서였다. 송승훈 부부의 혼례식 사진 속 한복이 너무 아름다워 옷 지은 사람 이름을 기억해 두었다. 그런데 내 눈에만 그런 것은 아닌 듯, 지금 김영진은 혼인을 앞둔 젊은 친구들 사이에서 일약 로망이 되었다.
　집을 구경하는 게 목적이지만 옷 만드는 사람이니 한복 이야기부터!
　"왜 '차이'(그의 옷 브랜드다)가 주목받을까요?"
　"한복이 예식장에서 초라해 보이는 걸 보고 의문을 가졌어요. 이유가 뭘까? 옷이란 때와 장소에 맞아야 아름답죠. 그런데 서양 공간과 우리 옷이 뭉그러져서 조화가 깨지더라고요. 원인이 소재와 라인에 있다는 걸 알게 됐지요. 레이스로 한복을 지어보자 싶었어요. 소재를 다양하게 써봤더니 이미지가 전혀 달라지더라고요."
　간단한 듯 말하지만 늘 그렇듯 새로운 발견에 이르는 건 결코 쉽지 않다. 김영진 한복은 전통적인 소재로만 만드는 게 아니다. 레이스, 시스루 실크, 자카드 실크, 프린트 순면, 레이온, 모피 등 전에는 한복에 연관조차 짓지 않던 소재들로 한복을 만들기 시작했다.

한복의 이미지를 만드는 것은 전문가도 동의하듯 색상, 배색, 저고리의 형태가 50퍼센트를 결정하고, 원단 종류, 길이, 치마 라인으로 만들어지는 실루엣이 나머지 50퍼센트를 차지한다. 그 각각의 요소들에 김영진식 파격과 혁명이 더해졌다.

김영진 한복이 처음 알려지기 시작한 건 뉴욕 한국인들 사이에서였다. 한국인의 정체성을 보여주면서도 현대적이고 세련된 옷을 찾던, 눈 밝은 그들에게 발견(?)된 것이다. 그리고 지금은 자신의 정체성을 '멋쟁이'로 규정하고 싶어 하는, 케케묵지 않은 전통을 원하는 친구들이 김영진에게 몰려든다.

김영진은 전통미를 염두에 두고 지금 한국인이 입을 옷을 고민하는 사람이다. 그러니 몸 담고 사는 집도 남들과는 다르다. 미를 보는 안목은 대개 같이 간다. 옷 보는 눈 따로 있고 집 보는 눈 따로 있어 그게 들쭉날쭉해서는 불안하다.

김영진이 사는 곳이 아파트가 아니라서 나는 신이 났다. 그녀는 한남동 골목 안, 지은 지 30년 된 자그만 뜰을 가진 단독주택에 산다. 집은 당연히 주인의 성정을 닮는다. 대문 앞에 서자 정다운 기운이 온몸에 감긴다. 가만 보니 바로 앞에 늙은 살구나무가 한 그루 서 있다. 봄에 살구꽃이 피고 여름에 살구가 익는 나무다.

"저 나무에서 따서 만들었어요."

흰 저고리를 입고 머리를 뒤로 단아하게 빗어 넘긴 김영진이 향긋한 살구잼을 담은 접시를 손으로 밀면서 말할 때 슬쩍 지나가는 향기는 무엇인가. 선과큐를 넣고 갓 구운 빵에 잼을 바르면서 나는 실없이 가슴이 띈다.

'이야기가 있는 집'은 이렇게 마당에서 딴 과일로 겨울 양식을 만들 수 있을 때 시작된다. 우리는 이런 익숙하고 자연스런 습속들과 너무 많이 멀어져버렸다. 자연 혹은 자연스러운 섭리와 하도 동떨어지게 사는 바람에 따로 전문가를 찾아가 '힐링'을 받아야 할 사람들이 돼버렸다. 눈앞에 과일나무 한 그루만 길러도 꽃 피고 열매 맺고 제 열매에 천천히 단맛을 들이는 그놈들이 우리 마음의 생채기를 상당부분 치유해줄 수

2층 거실. 얇은 소창 커튼과 앤티크 유리등과 낡은 가구들이 침착하게 어울리는 공간이다

1층과 2층을 들락거리는 중심에 부엌이 있다

있다고 나는 믿는다.

  김영진은 그 살구나무를 해치기 싫어 집을 새로 짓는 것도 포기했다. "허물면 큰 차가 들어와야 하고, 그러려면 저 나무를 베어내야 한대요. 그냥 수리해서 살자고 남편과 합의했지요."

  이제 서울에 이런 단독주택들은 거의 사라졌다. 한남동 골목 안 살구나무집은 그래서 더 귀하고 헐렁하고 편안하다. 작업실과 갤러리와 학습장과 살림집이 섞여 있지만 옹색하지도 요란하지도 않다. 1층은 공적 공간, 2층은 사적 공간으로 나뉘긴 했지만 딱 구분되지는 않고 그냥 들락날락한다. 부엌은 아래층, 침실은 위층에 뒀고, 청주에서 가끔 오시는 시어머니를 위해 작은 방 하나를 비워뒀다.

낡은 것과 새것이 적절히 섞인 공간은 삶을 확장한다. 창에 커튼 대신 걸어놓은 'sweet home'이라고 수놓인 50년 전 횟대보나 부모님의 혼례식 사진 같은 것들은 우리 일상이 왜소하고 얄팍하게, 일회적으로 사라지는 것이 아니라는 것을 은근히 보여준다.

한때 갤러리를 운영한 적도 있어 집에는 유난히 그림과 도예작품이 많다.

"이건 제가 특별히 좋아하는 정경심의 작품이에요. 가족과 밥상이 주 테마지만 밝지도 가볍지도 않지요. 화면에 등장하는 빛깔이나 문양이 제 작업을 자극하고 아이디어를 주지요."

이 테이블 매트는 도예가 김지영의 것, 곁에 놓인 컵은 일본인 수미 리오코의 것, 저 그림은 화가 국대호, 저 사진은 사진가 박명래, 이 빨간 북어는 김정옥 선생……. 좋아하는 작가를 김영진은 새가 지저귀듯 행복하게 호명한다.

그들의 작품을 일상 속에 들여놓고 즐기지만 실은 김영진의 세간 중에는 줍거나 얻은 것들이 더 많다. 황학동에서 횡재하듯 '득템'한 것도 꽤 된다.

"학이 날아가는 이 자개는 문양이 너무 훌륭하지 않나요? 아는 분이 어느 아파트에 자개장이 버려져 있다고 가보래요. 당장 트럭을 맞춰 달려가서 주워온 거예요."

집안 이곳저곳 그런 명품 자개장이 일고여덟은 된다. 거실에서 작은 방으로 가는 좁은 복도에 걸어둔 병풍은 금분으로 쓴 글씨가 좋아 황학동에서 10만원에 건졌다.

특별한 한복을 지어낸 그녀의 감각이 공간도 그녀만의 것을 만들어냈다. 눈 두는 곳마다 빛과 결이 다 차분하다. 온통 유리와 철근과 시멘트가 범람하는 세상이라 번들대지 않고 차갑지 않은 걸 바라보는 것만으로도 위안이 된다.

작업실 한쪽 면은 뜰 쪽으로 널찍하게 텄다. 이 방에 재봉틀과 테이블을 두어 차도 마시고 일도 하며 가장 많은 시간을 보낸다. 눈앞엔 겨울에도 푸른 대나무가 장하게 서 있다. 현무암 벽돌로 만든 수조에 물칸나도 자란다. 물이 바라보는 사람에게 여유와 안정을 선물한다는 것을 영진 아씨는 믿고 있다(김영진은 '아씨'란 호칭이 썩 어울리는 사람이다. 결 곱고 단아한 그녀를 '영진 아씨'라고 혼자 불러봤더니 입에 착착 달라붙는다).

어딜 가나 볼 수 있는 것은 이 집에 없다. 과연 '차이差異'다. 그러나 상호로 내건 차이란 '나는 너와 달라!'란 선언이 아니다.

"서로 다름을 인정하고 받아들이자는 의미가 더 크지요!"

공연예술아카데미에서 연기연출을 공부해 한때는 이윤택 선생을 따라 '가마골 연희단'에서 연극을 한 적 있고, 루이뷔통 남성복의 슈퍼바이저 노릇도 했다. 그런 과정에서 섬유에 관한 공부를 흠씬 할 기회를 얻었다. 혼인 후에는 전업주부가 됐고, 정신없이 퀼트에 빠진 시절을 거쳐 박선영 침선장의 문을 두드리게 됐다.

"생각하면 그 과정이 누군가가 잘 짜놓은 커리큘럼 같다니까요."

내가 '차이'에 간 날 입은 김영진의 윗옷은 대금형 상의라고 불리는 헐렁한 저고리였다. 물론 직접 지었다.

"출토복에서 아이디어를 얻었어요. 이건 선비들이 입던 옷이래요. 대학에서 복식을 전공하지 않은 것이 되레 저를 자유롭게 만듭니다. 상상력이 제멋대로 흘러갈 수 있거든요."

검정 레깅스 바지 위에 세련되고 모던하게 어울리는 흰 저고리를 우리 일행은 다들 한 번씩 입어봤다. 겉감은 압축 모직으로, 안감은 구름 문양 실크(운문단)를 대서 만든 옷은 가볍고 따스했고, 어떤 하의에도 척적 어울렸다.

근대와 그 이전의 연결이 매끄럽지 못한 건 우리 문화 전반의 증세지만 한복에선 그 단절이 더욱 심하다. 한복은 우리가 일상으로 입는 옷이었다. 일상복과 노동복과 외출복과 혼례복이 삽시간에 바뀌었는데도 거기에 문제의식을 갖는 이들조차 흔치 않았다는 건 아무래도 이상하다.

조선 말기의 사진을 보면 지금 우리와는 전혀 다른 옷을 입은 사람들이 등장한다. '의식주'라는 명명은 사람들의 사고에서 옷의 비중이 밥과 집보다 앞선다는 것을 은연 중 암시한다. 그런데 짧은 시간 안에 입는

옷이 이토록 달라졌다는 것은 정체성의 대혼란을 야기할 수밖에 없다.

내가 어렸을 때만 해도 엄마의 외출복은 당연히 한복이었다. 한복을 곱게 다리고, 저고리 앞섶을 여밀 브로치를 고심해서 고르는 것이 외출 준비였다. 여인들이 눈을 내리깔고 저고리 소매부리 안에서 흰 손수건을 꺼내 이마의 땀을 꼭꼭 누르는 게 얼마나 정갈하고 야무지고 고요한 동작이었던가. 그런 옷을 입지 않으면 그런 동작은 나오지 않는다.

"1920~30년 무렵의 사진을 구해 거기 담긴 한복을 꼼꼼히 들여다봐요. 한복이 자연스런 일상복으로 기능하던 시절의 패션을 재현해봅니다. 우리 얼굴형과 체형에 정말 잘 어울리는 옷을 우린 너무 쉽게 버리고 서양 옷으로 갈아입었어요."

대학이란 시스템 바깥에서 복식을 배웠기에 김영진에게는 각종 실험이 가능했다. 이전에 없던 것을 새로 만들어낸다고 겁낼 필요도 없었다. 제도권 바깥에 있다고 스승이 없었던 건 아니다. 아니, 되레 스승은 필요할 때 하늘이 내려주듯 절로 딱딱 나타났다. 좋은 선생을 적절한 타이밍에 만난다는 것은 인생의 비밀스런 뜻인지도 모른다.

"서영희 선생님이 패션의 엄마예요. 제게 필요한 걸 다 주셨죠. 전 그저 레이스로 한복을 만들었을 뿐인데! 선생님이 〈보그〉 잡지에 실어주셨고, 그게 저를 디자이너로서 살아가게 만드는 엄청난 에너지가 됐어요!"

김영진이 고르는 빛깔은 특출한 데가 있다. 실내에 붉은색을 자유롭고 과감하게 쓰지만 튀지 않고 침착하다. 작은방 벽지는 온화한 핑크, 안방 벽지는 가라앉은 자주, 암체어도 큼직한 꽃무늬! 이건 그녀가 키우는 밝은회색 털 페르시아 고양이 '춘희'에게 어울리는 빛깔이기도 하다.

"춘희라는 이름 좋지요? 오페라 '라 트라비아타'에 나오는 춘희예요. 촌스러운 듯 자유롭잖아요?"

엷은 소창을 잘게 주름잡아 만든 커튼이 겨울햇살을 창호지처럼 은은하게 걸러준다. 그 빛에 따라 음영이 달라지는 벽지를 쓸어보며 나는 김영진에게 이런 건 어디서 구하냐고 자꾸 묻는다.

"아, 이건 프랑스에서 생산한 건데 엘리티스라는 브랜드예요. 저건 길드라는 디자이너 것이고!"

건축 사업을 하는 남편은 바다같이 품 너른 사람이다. 영진 아씨란 어여쁘고 활기찬 물고기가 마음껏 헤엄칠 대양을 준비해줬고, 한남동 살구나무 집이 그 본거지다.

옷 짓는 이의 집 이야기이니 다시 옷으로 마무리해야겠다. '차이' 옷의 가장 큰 특징은 소재와 선이다. 소재의 영역을 전 세계, 모든 고급제품으로 확장한 건 그렇다 치고 치마 라인을 일반적 A라인이 아닌 항아리 라인으로 바꿨다.

"그게 전통복식에 더 가까운 모습이거든요. 만약 우리 역사에 일제강

점기가 없었다면 한복은 현재의 모습과는 크게 달라졌을 겁니다. 예전엔 각 집안의 종부들이 한복 디자이너였어요. 그 집안의 감성과 정체성을 치마와 고름과 소매 라인에 담을 줄 알았다니까요. 제가 꾸준히 근대 우리옷을 찾으려고 애쓰고, 그 부분을 지금 우리 여성이 입는 옷과 연결시키려 노력하는 까닭이 바로 거기 있어요. 일상복이 어렵다면 우선 혼례복부터라도 한복으로 입는 분위기를 만들고 싶습니다."

혼례를 올릴 때 웨딩드레스 입는 것을 당연하게 여긴다. 내가 송승훈 선생 부부의 혼례식 사진에서 눈을 떼지 못한 것은 그 부부의 혼례가 너무나 새롭고 아름다웠기 때문이지만 더 정확하게 말하자면 '왜 우리에겐 이런 혼례복이 사라져버렸지?'란 애석함이 더 컸기 때문이다.

김영진 혼례복은 치마 아래 무지기 치마를 덧입고 그 아래 단속곳을 입는 법도를 충실히 따른다.

"속옷은 상주 생초 명주로 만들어요. 빳빳해서 치마가 풍성해지거든요. 속치마와 바지가 한데 달린 것을 특별히 고안했어요."

좋은 비단과 레이스를 쓰고 일일이 손으로 만들기에 가격이 만만치 않다. 그래도 평생 두고 입을 수 있고 딸에게 물릴 수도 있으니 우리집 아이들이 혼인할 때가 되면 나는 김영진에게 달려가게 될 것 같다.

무조건 '우리 것이 좋은 것이여!'가 아니다. 우리 체형과 우리 풍토와 우리 정서에 가장 잘 어울리는 것이라서 좋은 것이다. 웨딩드레스를 빌려 입을 바에는 평생 두고 입을 수 있는 한복을 입고 혼례를 치렀으면 좋겠다. 잔서완석루 부부의 혼례식 사진을 따라 '차이'에까지 끌려갔을 정도니 그 매력은 충분하고도 남는다. 배우 유지태·김효진 부부의 우아한 혼례복도 알고 보니 김영진의 솜씨였다.

●
덧붙임

몇 달 뒤 나는 통인동의 제비다방, 1920년대 시인 이상李霜이 차렸다는 제비다방에서 그 시절 이상의 애인이었다는 '기생 금홍'으로 변신한 김영진을 만났다. 이마가 널찍하고 코가 곧고 입술선이 섬세한 김영진이 수놓은 검정 저고리를 입고 있는데 영락없는 '금홍'의 환생이었다. 그녀가 이런 자리에서 굳이 금홍이가 되는 것은 늦었지만 한복의 역사적 단절을 현대에 잇는 작업을 해보려 함이다. 허벅지를 드러내는 옷보다 발목까지 내려와 몸을 다 감추는 옷에 때로는 눈길이 더 끌린다는 것을 나는 그날 김영진이 입은 한복을 보면서 느꼈다. 그리고 허벅지를 보여주는 것보다 목덜미나 귓밥 정도를 응시하게 만드는 것이 한국인에게는 더욱 섹시할 수 있다는 것도 알았다.

전방위 예술가 문순우의

안성 '고칠현삼'

●

평생 아름다운 것을 찾아다녔다
극도의 탐미를 추구했다

낡고 오래된
물건을 향한 편애

●

존재하는 것들은 모두 비밀을 담고 있다. 그 비밀은 쉽사리 개념화할 수 없다. 눈에 잘 띄지도 않고 말로 설명하기도 어렵다. 느껴지지만 언어에는 담을 수 없는 것, 아마도 그걸 위해 태어난 장르가 예술일 것이다. 특히 뭔지 모를 이미지를 담은 추상회화가 나도 모를 내 마음을 슬쩍슬쩍 건드리는 걸 제법 여러 번 경험했다. 그림을 통해 내 안의 다른 나와 소통한다고나 할까, 화면 앞을 떠나도 지워지지 않는 인상은 밤에 꾸는 꿈과도 흡사했다.

예술은 개인의 것이지만 동시에 집단의 것이기도 하다. 어쩌면 그것은 우리 안에 오래 묵은 신화인지도 모른다. 인간이 물질적 존재만이 아니라 영적 존재이기도 하다는 것을 예술이 아니라면 일상에서 무슨 수로 알아차릴까. 나는 개별 존재가 공통으로 바탕에 깔고 앉은 무의식과 관련한 형태 혹은 색감 혹은 이야기가 있음을 믿는 사람이다.

안성 문순우의 집은 그런 이미지와 상징의 집합소였다. 문을 열자 숱한 형상들이 한꺼번에 달려들었다. 문밖 세계와 비슷하면서도 다른, 말하자면 현실과 비현실의 중간쯤에 놓인 공간이었다.

신화에나 등장할 법한 반인반수의 형상, 흙으로 빚은 천사, 바닥에 깔린 흰자위가 많은 여인의 눈, 커다란 난로와 오븐, 한 벽면을 가득 채우고도 넘치는 앤티크 스피커와 앰프 그리고 천정 아래 매달린 수많은 와인 잔과 프라이팬! 수백 가지 물건이 어지럽게 매달리거나 세워지거나 흩어져 있지만 나름의 균형이 유지된 공간이었다. 그렇게 많은 물건에 질서를 유지하는 힘은 당연히 주인의 예민함과 부지런함에서 나올 것이다.

이 집을 소개한 사람은 정 많고 한 많고 그러면서 이 세상을 허랑한 눈으로 응시하는 나의 글쓰기 스승인 송기원 선생이다. 이야기가 있는 정도가 아니라 흘러넘치는 집을 만들어 놓았더라며 "그 형도 기인에 속해." 했다. 알려준 번호로 대뜸 전화했더니 내일 딸 결혼식에 참석하러 캐나다로 가는데 열흘 뒤쯤 돌아올 거라고 꽤 건조하게 답했다.

문순우 이름 앞엔 어떤 모자도 씌울 수 없다. 회화, 사진, 조각, 도예, 디자인의 장르를 넘나드는 건 그렇다 쳐도 그는 한때 꽤 알려진 오디오 평론가였고, 재즈클럽 주인이었고 또 목수였다. 집은 물론 제 손으로 지었다. 남의 손에 맡겨서 만족할 문순우가 아니다. 간단하게 뚝딱 지었다고 말하지만 쳐다보는 천정의 다층적이고 복잡한 구조는 그의 무의식을 조형으로 펼쳐 놓은 듯하다. 천정 위에 모든 것이 있다. 바닥에도 그런 켜와 깊이가 있다. 역시 한 인간 안에는 우주가 들어 있다는 것을 새삼 느끼게 만드는 집이다.

돈은? 얼마가 들었는지 애매하다. 대개 헌 물건을 주워 만들었기에 돈 주고 산 게 별로 기억나지 않는다. 옛것이 7이고 새것이 3이라기에 얼른 당호를 '고칠현삼古七現三'으로 짓는 건 어떠냐 했더니 대번에 수락한다.

"고칠현삼, 아주 좋아. 그게 현실에서 가장 조화로운 비율이거든. 새 물건이 많으면 속돼서 못써. 70퍼센트는 헌 물건으로 채워야 안정감이 생기지!"

이게 그의 인생관이고, 예술철학이다. 물건이 사람 곁에 오래 머물면 슬쩍 피돌기를 시작한다는 걸 실은 나도 안다. 손때 묻은 물건을 어찌 함부로 버릴 수 있으랴. 내 손때가 아니라 남의 손때라도 소중하긴 마찬가지다.

솜씨 좋은 건 목수였던 아버지의 내림이다. 못 쓰는 막대기를 자르고 구멍 뚫어 식탁 위에 가로설리는 등을 만든 솜씨는 하루 이틀에 단련된 게 아닌 듯하다. 헌 나무들은 덧대고 오려져 문짝이 되고 식탁이 되고 찬장이 되었다. 그의 집엔 기성품이 별로 없다. 설령 '이미 만들어진 것'이 있다 해도 낡을 대로 낡아 '몰개성'의 때를 지운 것들뿐이다.

문짝에는 신화 속에나 등장할 동물과 식물 들이 뛰논다. 새와 말과 꽃과 나무! 창문에는 허공을 유영하는 물고기가 붙어 있다.

문짝마다 도르래가 달려 문을 열면 낚싯줄에 매달린 망치나 펜치들이 주르륵 끌려 올라온다. 기묘해서 하하 웃자, 웃지도 않고 "자동문이라서 그래." 한다.

진지한 표정을 짓지만 장난스러움을 버리지 못한 그는 생래적으로 유랑인이다. 한자리에 붙박이는 것을 견디지 못하고 평생을 떠돌았다. 월남전에 참전했고, 프랑스 파리 근교에 오래 머물렀다. 파리에서 강원도 원통으로 직행해서 십 수 년을 살다가 이천을 거쳐 안성으로 온 지 이제 5년째. 이제 환갑을 넘겨 꽁지머리도 희끗해졌으니 마침내 정착하려는 것인가.

그림을 보면 문순우는 아직 방랑을 덜 끝낸 것 같다. 모험심과 에너지가 들끓는다. 요리하는 것을 봐도 그렇다. 그는 우리 일행 다섯의 점심을 싱겁게 프라이팬 몇 번 뒤적이더니 뚝딱 지어냈다. 그런 다음 음악을 틀고 식탁 매트를 깔고 촛불을 켜고 와인을 따른 후 천천히 음식 접시를 들고 왔다. 접시 또한 자신이 만든 것이다. 심지어 내화벽돌로 피자 오븐도 만들었다.

"내가 디자인한 오븐이야. 마르게리타 피자 알지? 그걸 만들려고 궁리 좀 했지. 하하."

'삶이 예술이고 예술이 곧 삶'임을 모토로 삼는다더니 뜰에서 갓 따온 바질을 넉넉히 얹은 파스타 맛은 과연 환상이었다.

 "요리는 미리 주문하는 게 아니라고! 그 사람의 성향과 빛깔에 맞는 재료가 따로 있거든. 사람 얼굴을 먼저 보고 눈앞에서 즉석으로 차려내야 그게 요리지. 사료를 먹는 건 동물이고 음식을 먹어야 인간이지. 갓 뜯어낸 남새로 정성들여 차려내야만 음식이라고 할 수 있어!"

 부엌 뒤란엔 제법 소담한 채마밭이 있다. 오이와 토마토와 상추, 쑥갓이 온갖 꽃과 어울려서 자란다.

 "땅을 갈아엎으면 안 돼. 토양 미생물이 다 죽어버려. 미생물만 있으면 식물은 먹이 걱정할 필요가 없거든. 사람이 친절하게 화학 무기물인 비료를 내밀지 않아도 저희끼리 얼마든지 잘 살 수 있다고. 땅을 갈아 미생물을 죽여 놓고 다시 화학비료를 내미니 식물은 얼마나 괴롭겠어? 부지런 떨지 말고 가만 내버려두는 게 되레 식물을 도와주는 거야."

 그렇다면 남새밭에 꼬이는 벌레들은 어떻게? 일부러 물었다. 씨 뿌린 후 아무 일 않고 태평하게 내버려두라는 '태평농법'을 창안한 이영문 선생의 말과 흡사해 흥미가 동했기 때문이다.

"맞아. 바로 그거야. 밭에 각종 벌레, 곤충, 세균 들이 저희끼리 어울려 살게 내버려 둬야 해. 해충이 있으면 반드시 익충이 있거든. 저네끼리 먹이사슬을 유지하는 속에서 식물은 더 튼튼하게 자라는 거고. 그런 남새를 먹어야 사람이 건강해져."

그는 한때 유도선수였다. 건달로도 제법 족보를 세웠으며 이름만 대면 알 만한 당대 고수들과도 예를 갖추는 사이였다. 두툼한 어깻죽지를 가진 거구의 사나이가 장난감처럼 생긴 수제 그라인더로 천천히 콩을 갈아 헝겊 필터에 방울방울 커피를 내리는 걸 바라보는 것은 꽤 기분 좋은 일이다. 굵은 선과 가는 선이 섞바뀌는 그림 같다.

그림은 고등학교 때 최종태 선생이 미술교사로 부임해 오는 바람에 그리기 시작했고, 서울 와서는 기행으로 유명한 시인 김관식과 이웃에

살아 시 읊는 재미를 익혔으며, 파리에서는 '소나무 그룹'의 화가들과 어울리면서 사진과 조형의 뜨거움을 배웠다. 그렇다. 인생은 누굴 만나느냐에 따라 달라진다. 삶의 성패는 손에 무엇을 움켜쥐었는지가 아니라 곁에 누가 서 있느냐에 따라 판가름 나는지도 모르겠다. 삶이 '사람'의 변형임을 뉘라서 부인하랴. 자연이 조화롭다지만 사람에게 사람만큼 아름다운 세상은 없다.

그는 평생 아름다운 것들을 찾아다녔다. 극도의 탐미를 추구했다. 탐미는 세속의 성공과 유리되는 것일까. 그는 돈과 명예 대신 미를 좇았다. 회화와 사진 말고도 그는 건축, 음악, 식물, 음식에 두루 자신의 예민한 더듬이를 갖다 대며 살아왔다. 겉보기엔 아무리 가난 속에 빠져 있어도 감각의 더듬이가 발달한 자들은 자기만의 호사를 누릴 줄 안다.

그런 문순우가 특별히 편애하는 것이 바로 낡고 오래된 물건이나. 그림도 따로 캔버스가 없다. 버려진 라디에이터 철판 위에, 볼링장을 뜯어낸 나무판자 위에, 폐기한 헌 타일 위에, 쓰고 버린 폴라로이드 필름 위에, 커피를 거르던 종이 필터 위에, 무명으로 만든 헌 다리미판 위에 그냥 그렸다. 그게 캔버스였다.

"예술가는 시대를 반영하는 사람이지. 현대는 다들 쓰레기를 양산하잖아. 겉으론 쾌적하고 세련된 것 같지만 뒤쪽으론 폐기물이 가득 널린 시대를 살고 있어. 그게 자본으로 굴러가는 상업주의거든! 그런 물건들

모퉁이엔 개인사를 담은 사진들

두 벽 가득 창을 낸 침실은 딱 침대 하나 놓을 만한 크기다

에 새로운 생명을 불어넣어주자는 거야. 가만히 들여다보면 이 세상에 버릴 물건이란 하나도 없거든."

집도 새로운 자재 대신 버려진 헌 물건을 구해서 지었다. '고칠현삼'은 실내가 60평가량 되는 원룸이다. 부엌과 식탁과 거실과 작업실과 전시실과 오디오 룸을 벽면 없이 한 공간으로 텄다. 모든 생활이 한 공간에서 행해지지만 침실만은 분리돼 있다. 딱 침대 하나만 놓인 자그만 공간. 두 벽면 가득 바깥 나무숲을 향해 창을 냈고, 천정과 한 벽면엔 피톤치드를 가장 많이 풍긴다는 편백나무를 붙였다. 나무향이 은은하다.

"다른 건 몰라도 침실만은 호사해야지. 침실은 좁아야 해. 그래야 잠이 깊이 들거든. 침실은 좁은 것이 더 호사야!"

천정의 나무판자를 밀었더니 비밀처럼 다락방이 등장한다. 계단 몇을 올라가면 높은 천정 아래 다시 자그만 거실이 나타난다. 몰두해서 독서하기 딱 좋은 공간으로 직접 집을 지었기에 가능해진 반전이다.

"심심해서 이것저것 만들어봤지. 개미도 벌도 기미도 제 집을 제가 다 짓는데 만물의 영장이란 인간만이 자기 살 집을 짓지 못해서야 쓰겠어? 인간이 누리는 재미 중에 으뜸은 이런 것들을 짓는 것이야."

그러나 '고칠현삼'에서 가장 공을 들인 부분은 역시 오디오다. 저음 전용, 고음 전용, 현악기 전용, 피아노 전용, 인간의 음성이 가장 정확하게 들려 입술이 부딪치는 소리까지 다 잡아내는 스피커까지. 크고 작은 스피커가 모두 60개쯤 한쪽 벽면 가득 쌓여 있다. 마란츠, 탄노이, 쿼드, 웨스트 레이크 오디오 TM-3, 가우스, JBL! 브랜드 또한 축제처럼 화려하다. 학생 때부터 수십 년간 하나하나 모은 것으로 프레임을 직접 짜기도 하고 그림을 그려 넣기도 했다.

"음악은 귀로 듣는 것이 아니라 몸으로 듣는 거야. 여기는 외딴 곳이리 온 몸의 세포들이 떨리도록 꿀 볼륨으로 들어노 쫓아오는 사람이 없어. 그러니 내가 얼마나 복이 많아?"

한때 삼청동에서 재즈클럽 '라 끌레'를 운영할 당시는 온종일 음악에 젖어 살았다. 적자를 감당하기 어려워 몇 년 전 접었지만 화가·사진가·조각가 문순우는 지금도 이렇게 믿는다.

"음악은 모든 예술의 바탕이야. 순식간에 회화보다 더 높은 경지에 닿거든!"

둘.

집, 기품이 넘치는

화가 전성우의

성북동 집

●

산벚이 꿈속처럼 하얗게 흩날렸다
산꿩이 기억처럼 한가하게 울었다

거기,
마음 속 깊은 닻

●

　거기 간송미술관이 있다는 것은 마음 속 깊은 닻이다. 다빈치와 로댕을 보고 돌아와도 겸재와 추사를 다시 만날 때 우린 뱃속 깊숙이에서 은은하게 회심의 미소가 솟아오르는 것을 느낀다. 어떤 사람에게 1년이란 단위는 봄과 가을, 간송미술관에 두 번 가는 것으로 요약되기도 한다. 간송미술관은 그렇게 우리 모두에게 고맙고 뜨겁고 기꺼운 곳이다.

　실은 나는 간송에 갈 때마다 '여기는 개인 공간입니다'라고 쓰인 안쪽을 은근히 기웃대곤 했다. 소나무 우거진 언덕 위쪽에 산다는 간송의 후손들을 만나 절이라도 올리고 싶었던 것일까. 아무튼 오래 꾸는 꿈은 반드시 이뤄진다는 것이 우리 생의 비밀이다.

　나는 드디어 100년은 넘음직한 소나무들이 수십 그루 모여 막 송화를 피울 준비를 하고 있는 언덕길을 천천히 걸어 올라갔다. 산벚이 꿈속처럼 하얗게 흩날렸다. 산꿩이 기억처럼 한가하게 울었다. 발밑에 여기 저기 제비꽃이 밟히는 뜰에 서자 길쭉하고 환한 집이 나타났다.

　이곳이 간송의 아드님 전성우 선생의 집이다. 그의 아내는 시인 김광균의 따님 김은영 여사다. 둘 다 서울에서 십수 대를 살아온 서울 토박이다. 모습과 태도와 말씨가 두루 향긋하고 온화하고 정갈하다. 이건 계급적인 말로 들릴까 조심스럽지만 둘 다 몸에서 귀족 티가 줄줄 흐른다. 이런 분들의 이야기를 나는 정말 자세히 쓰고 싶다. 피렌체의 명문 메디치가나, 미국의 명문 케네디가만 우러러 볼 게 아니다. 우리 역사에도 훌륭한 가문의 귀한 행적들이 현재진행형으로 아름다운 무늬를 더해준다. 간송은 그림과 글씨와 도자기로 우리 자존심을 지켜준 분이다.

역사에 남는 컬렉터들은 물론 부자였지만, 돈이 많다고 반드시 훌륭한 컬렉터가 되는 것은 아니다. 간송은 닥치는 대로 미술품을 사 모은 것이 절대로 아니었다. 그림이 돈이 된다는 인식이 퍼져 미술품을 오로지 투자 목적으로만 수집하는 요즘 컬렉터들과는 출발부터가 달랐다. 간송의 미술품 수집은 일본이 짓밟은 우리 자존심을 지키는 것이 목적이었다. 간송은 우리 미술의 우수성과 독창성을 증명할 수 있는 작품만을 골라서 모았다.

평생 간송미술관의 수집품을 연구한 최완수 선생은 "간송은 광복 이후의 한국인들이 조선 후기를 다시 연구해 민족 자부심을 살려주기를 바라는 마음에서 작품을 모았다. 간송의 소장품이 없었다면 겸재와 추사 연구는 불가능했다."고 결연히 말한다.

간송은 숙종에서 정조에 이르는 조선 후기 125년이 우리 미술이 중국의 영향에서 벗어나 독창적으로 부흥하던 때라는 것을 알았다. 그 시기 핵심 작가인 겸재, 추사, 단원, 혜원을 집중적으로 모았고, 겸재와 추사를 연구할 때 꼭 비교해봐야 할 중국 작품들도 같이 모아뒀다. 그래서 조선 후기 120년간 조선의 철학과 예술이 정점에 달한 이 시기를 최완수 선생은 특별히 '진경시대'로 명명하고, 이 시기를 연구하는 학자들을 '간송학파'라고 불러오고 있다.

하마터면 님에게 송두리째 뺏길 뻔한 우리 정신문화의 아스라한 봉우리, 그게 오롯하게 남아 있는 곳이 바로 성북동 간송미술관이다. 그리고

미술관 뒤쪽 야트막한 언덕 위에 간송의 후손들이 아버지 대와 별로 다르지 않는 모습으로 조용히 살고 있다.

간송 전형필 선생의 아드님과 시인 김광균 선생의 따님, 둘은 1966년에 약혼했다. 1953년 서울대 미대에 입학하던 해 미국으로 떠났던 스무 살 전성우는 아버지가 돌아가신 뒤 서른둘이 되어 돌연 한국으로 돌아온다. 간송이 1962년 작고했으니, 장남으로서(형이 하나 있었으나 일찍이 병사했다) 집안의 책임을 맡아야 했다.

그는 1950년대 추상표현주의의 물결을 일으켰던 캘리포니아미술학교에서 공부했다. 휘트니미술관의 〈젊은 미국작가 1960전〉 20명에 포함될 만큼 촉망받는 청년화가였고, 뉴욕 볼스 화랑과 전속계약을 맺은 채 활발하게 작품 활동을 하던 중이었다. 그가 회화의 모티브로 찾아낸 것은 불교적 세계관이었고, 그 상징은 만다라였다.

"사실 만다라를 발견한 것은 한국에서가 아니라 당시 내가 공부하던 밀즈 대학의 만다라 컬렉션에서였어요. 교수님의 명으로 엄청난 양의 만다라를 정리하면서 만다라 형상이 펼쳐놓는 초월적 경지에 심취했지요."

그 후 숱한 만다라를 그렸다. '향토 만다라', '시 만다라', '색동 만다라', '회전 만다라', '설경 만다라', '광배 만다라'! 동양 정신과 서양 표현주의의 결합이라며 뉴욕 화단이 이 젊은 동양청년의 작업을 주목했다.

그러나 모든 걸 접고 돌아와야만 했다. 선친이 물려준 방대한 유물을 정리하고 미술품을 소장, 연구할 간송미술관을 설립 운영할 사람이 필요했다. 당장 집안의 사학私學재단인 보성고등학교 일도 맡아야 했다.

"아버지는 나의 우상이었어요. 아버지가 계시지 않는다는 절망을 견딜 수가 없었지요. 내 나이가 아버지 돌아가실 때인 쉰여섯이 되자 나는 그림에서 색을 지웠어요. 푸른색 하나만 남기고!"

돌아와 보성고등학교 교장이 됐지만 그는 외롭고 목말랐다. 그림을 향한 갈망이 사라지지 않았다. 병행하기 쉽지 않았지만 학교 일을 하면서도 멈추지 않고 그렸다. "나는 평생을 화가로 살았어요." 간송의 아드님이 아니라 평생 화가로 살아온 전성우가 오십 후반부터 그린 그림은 이전의 '색동 만다라'가 아닌 '청화 만다라'다.

고웁게 나이 든 노부부를 만나면 가장 궁금한 게 혼인 무렵의 얘기다. 심은영 여사의 기억이 더 꼼꼼히다.

"저 사람 얘기는 진작 듣고 있었어요. 어른들의 주선으로 선을 봤지요. 세 번 만났는데 오래 끌면 좋을 게 없으니 얼른 결정하래요. 아무것도 모르고 그저 수줍기만 했는데 그래도 좋더라고요. 그해 5월에 약혼했지요."

신부는 스물다섯 살, 이화여대 장식미술과를 막 졸업했을 때였다.

"약혼한 뒤 이 터에 곧바로 집을 짓기 시작했어요. 어머님께 듣기를 아버님이 생전에 이건 성우 장가가면 집 지을 터라고 미리 잡아놓으셨대요. 집이 완공된 건 이듬해 5월, 집이 다 지어지고 혼인했지요. 약혼한 지 일 년 만에!"

혼인을 약속한 커플이 함께 살 집을 어른들이 새로 지어주는 풍속은 꿈만 같다. 부를 가졌다면 이렇게 쓰여야 한다. 허황한 사치가 아니라 새 집을 지으면서 미래를 함께 계획하고, 어른들은 새 집을 지어주면서 새로 탄생할 부부의 삶을 축복하는 것!

집 짓는 동안 둘은 서로의 취향과 정서와 안목과 세계관을 조율해갔다. 그게 벌써 46년 전이다. 둘은 46년 동안 이곳에 살면서 2남 2녀를 낳아 길렀다. 어머님의 상을 여기서 치렀고, 아이들의 돌잔치를 여기서 했고, 네 아이 중 둘의 약혼식과 결혼 피로연을 집 뜰에서 했다. 마침내 2010년엔 전성우 선생의 희수연과 김은영 여사의 칠순 잔치를 동시에 이 마당에서 옛 법도대로 치렀다.

이건 가히 미적 장엄이다! 한 가문의 흐름을 고스란히 지켜본 집이 서울 한가운데 남아 있고, 둘은 한 번도 이사하지 않고 여전히 같은 집에 살고 있다. 걸핏하면 낡은 집을 부숴 아파트를 만드는 토건공화국 대한민국에서! 풀방구리에 쥐 드나들 듯 이사가 잦아 다들 부박하게 떠도는 21세기 서울에서! 이건 당사자뿐 아니라 듣는 나까지도 벅차게 만드는 서사다.

품격과 자존심이란 이런 것이리라. 물론 아무나 이렇게 살 수는 없다.

누군가 몇 명만 우리 긍지를 지켜주면 된다. 서양식 의례의 범람 속에서 우리 것을 망가뜨리지 않고 지켜주기만 해도 족하다. 간송이 미술품으로 우리 자존심을 지켰다면, 그 아랫대는 삶의 방식으로 우리가 지향할 중심축을 지켰다.

'청화 만다라'를 그리는 남편 곁에서 김은영 여사는 매듭을 만든다. 주요 무형문화재인 김희진 선생에게 사사했고, 자신도 서울시 무형문화재가 됐다. '매듭'과 '끈목'과 '술'은 전통 옷과 생활용품에서 필수적인 사치였다.

"비단실에 물을 들이고 일일이 손으로 꼬고 끼워 매듭과 술을 만드는 작업은 정성과 시간이 빚어내는 예술이지요."

나는 이 집에서 어떤 방식으로 차를 내오는지를 주의 깊게 지켜봤다. 과연 기대는 어긋나지 않았다. 옻칠한 상에 옻칠 쟁반을 얹고 다시 그 위에 백자 접시를 놓아 진달래 화전을 올렸다. 곁에는 또 다른 옻칠 쟁반 위에 백자 다기를 얹어 연푸른 녹차를 부어준다. 희고 검고 붉고 푸른 오방색이다. 함께 간 일행과 나는 그 상이 아까워서 차마 음식을 입에 넣을 수가 없었다.

부부는 도란도란 할 얘기도 많다.

"집을 지을 때 염두에 둔 건 두 가지였어요. 20대에 캘리포니아에서 오래 살았는데 그곳 선큰 룸Sunken room이 마음에 들었거든요. 그걸 내가 살 집에 적용하고 싶었어요. 둘째는 단층으로 짓되 가로로 길쭉한 하얀 집을 짓는다는 것이었죠."

김수근은 친구였고, 김중업은 이웃에 살았다. 둘 중 누구에게 설계를 맡길까를 고민하다가 살림집에 더 맞을 듯한 김중업을 택했다.

"우리집이 네 귀가 버선코처럼 살짝 들렸어요. 그게 김중업 스타일이 거든요. 서울이 마구 개발돼서 김중업이 지은 살림집이 많이 사라져버려 아쉬운데 우리집 지붕 선에는 아직 그 사람 풍이 남아 있지요."

과연 선큰 룸을 집의 가운데에 넣었다. 뜰이 환히 내다보이지만 부엌과 식탁이 있는 공간보다 서너 계단 아래다. 빛이 환하게 쏟아져 들어오는 룸의 천정이 특별해서 눈을 떼지 못했더니 얼른 해설한다.

"아, 저건 원래 배의 갑판으로 쓰던 목재예요. 그 시절엔 목재가 귀했거든요. 일부러 인천 가서 갑판으로 쓰던 헌 나무를 사다 저렇게 격자무늬를 짜넣었어요. 저기 벽난로 가에 박은 화강암 보세요. 저 돌은 남한산성을 쌓을 때 쓰였던 돌이에요. 남한산성에 놀러갔더니 개울가에 성벽을 쌓던 화강암이 아무렇지도 않게 뒹굴고 있데요. 그 시절엔 다 그렇게 허술했어요. 그걸 싣고 와서 벽난로를 만들었지요."

집은 새신랑의 소원대로 단층으로 하얗게 길쭉하게 지어졌다. 한쪽 끝으로는 화실을 욕심껏 배치했다. 이전에 볼 수 없던 아름다운 집이었다. 실내는 장식미술을 전공한 신부가 꾸몄다.

꽃을 좋아해 언제나 집안에 꽃을 풍성하게 꽂는다. 따로 살 필요도 없이 봄이면 뜰에 핀 조팝을, 여름이면 목단을, 가을이면 들국화를 꺾어다 꽂아도 충분하다. 우리가 갔던 날도 김은영 여사는 장녹만한 백자 항아리에 흰 조팝꽃을 싫도록 뭉텅 꽂아뒀다. 하도 풍요롭고 호사스러워 나는 한동안 꽃 앞에서 움직이지 못했다.

600년된 소나무가 자라는 이곳 간송미술관의 터는 모두 5000평이다. 예전에는 집 곁에 실개울이 흘렀고, 집 뒤 언덕배기에 서면 마포까지 환하게 보였다고 한다. 가뭄에도 마르지 않는 깊은 우물이 지금도 있다.

언덕 아래 간송미술관 건물은 한국 사람이 설계한 최초의 서양식 건물로 알려져 있다. 1938년 건축가 박길룡이 지었다는데 사람들이 집 구경하러 성북동 골짜기로 구름처럼 몰려왔더라 한다. 간송이 미술관은 양식으로 지었지만, 살림집은 한옥으로 지으셨던 모양이다.

"원래 이 땅의 주인은 화신백화점을 설계한 프랑스인이었대요. 1929년께 아버지가 이곳을 사들이신 거죠. 당시 성북동 땅 한 평 값이 눈깔사탕 한 개 값이었대요. 하하! 한옥을 지어 내가 네 살 때 완공이 됐는데 기념으로 이웃에 홍백떡을 돌리던 게 기억나요. 김환기 선생이 이웃에 사셨지요."

간송이 지은 그 한옥은 아깝게도 지금은 사라졌다. 그 대신 그때 만든 장독대는 아직도 시어머니에 이어 며느리가 그대로 쓰고 있다.

손님방 한 켠엔 생전에 간송이 사랑방에 두고 쓰시던 물건을 그대로 뒀다. 문갑과 서안과 벼루와 연적과 붓을! "시어른이 생전에 쓰시던 그대로래요. 어머님이 이렇게 꾸미셨지요." 맑고 기품 있고 절제된 물건들이다. 보고 있기만 해도 마음이 고요해진다.

"아이들이 하나씩 태어나면서 방을 하나씩 더 만들어 넣었어요. 방이

생전에 간송 선생이 쓰시던 애완품을 그대로 놓아둔 방.
병풍과 문갑과 서안이 고졸하고 아름답다

현관에 들어서면 이 작은 테이블을 지나 선큰 룸이 바로 이어진다

딸과 함께 쓰는 우송 선생의 화실

늘어나면서 내 화실 크기는 조금씩 줄어 들었지요. 처음엔 아이를 넷이 나 낳을 줄을 몰랐거든요. 하하."

심플하게 지었기에 집은 반세기를 살아도 물리지 않는다. 바닥 높이가 차이 나는 두 거실 공간은 실내에 변화와 깊이를 준다. 거실에서 보는 소나무와 식탁에서 보는 소나무는 높이가 달라 뉘앙스도 다르다. 둥치가 붉고 비늘이 큼직한, 잘 늙은 소나무들이다.

"저기 바람이 불면 파도소리가 들려요. 그걸 송뢰하고 하지요. 차 마시는 사람들은 물 끓는 소리에서도 송뢰를 듣는다지요."

전성우 선생의 말은 귀 기울일수록 고요하다. 전성우 선생을 말하면서 평생 만다라를 그려온 '화가'라고 말하지 않고, 대뜸 간송의 아드님이라는 모자를 씌워버리는 것은 자칫 폭력일 수도 있다. 그러나 간송의 이름을 빼놓고 어찌 그를 말하랴.

그의 호는 아버지 전형필 선생의 '간송澗松'과 장인 김광균 선생의 호

'우두雨杜'에서 한자씩 따온 '우송雨松'이다. 생전에 절친하던 최순우 선생이 그렇게 지어줬다. 그림 그리는 남편 곁에서 평생 비단실로 매듭을 맺어온 김은영 여사도 소나무 사랑에 둘째가라면 서럽다. 그래서 호가 송리松里다.

이 집 복도엔 간송의 큼직한 붓글씨가 걸려 있다. "옥션에 나왔다고 누가 귀띔하기에 얼른 달려가서 사 왔어요." 그 글씨 〈壽如山福如海〉 맞은편엔 우송의 〈청화 만다라〉가 걸렸고, 창 앞엔 송리의 고운 매듭이 살짝 드리워졌고, 비껴 보이는 벽면엔 '전인아'라고 사인된, 둘째 딸의 세련된 추상화가 보인다. 핏줄은 이렇게 흘러 역사가 된다.

끝날 줄 모르는 이야기 위로 솔향이 화르륵 날아왔다. 성북동 깊숙한 소나무 숲속에 대한민국에서 가장 귀한 소나무 가족이 살고 있다. 그동안 우리가 소중한 줄 모르고 홀대해왔던 것, 먹기 살기 급급해 외면하던 보물을 솔향처럼 오롯하게 지켜온 고마운 사람들이다.

수월당 이미령의

안동 '탁청정'

●

이렇게 변화무쌍하고 가변적이고
운신의 폭이 자유로운 공간을 또 어디 가서 찾으랴

세월의 두께 속에
반지르르한 살림살이

●

안동댐은 어떤 사람들에겐 일종의 트라우마다. 1971년 시작된 거대한 물막이 공사는 낙동강 상류에 자리잡았던 '하회마을' 10여 곳을 수장해 버렸다. 문화재로 지정된 건물 일부는 옮겨졌지만, 그렇지 못한 집들은 '수몰'되었다. 물에 묻힌 집들은 그냥 흩집이 아니었다. 조선 중기부터 적어도 500년은 내려온 찬란한 명가들이었다.

요즘 같으면 어림없을 소리지만 당시는 문화·역사적 가치보다 경제 가치가 우선되던 개발 시기였고, 안동의 명문가들은 그 흔한 데모 한번 없이 국가정책을 받아들였다. "나라를 건설하는 일은 대의大義고, 문중을 지키는 일은 소리小利이니 승복하자."라고 공론이 모아졌더라 한다.

안동 양반들은 무슨 벼슬을 했느냐보다는 문집을 몇 권 내고 인품이 어땠느냐에 점수를 더 주면서 살아왔다. 현실적 영달보다 학문적 긍지와 선비의 도덕률을 더욱 귀히 여기던 그들은, 임진왜란 당시 가문마다 의병을 조직했듯 일제강점기에도 당연히 독립운동에 뛰어들었다. 그 덕분에 패가망신한 집안이 숱하게 나왔다. 나라가 환난을 당했을 때 개인의 영달을 버리는 것은 자긍이고 전통이고 또한 체통이었지만 정작 나라는 그들을 제대로 지켜주지 못했다. 유홍준 선생은 《나의 문화유산답사기》에서 안동 양반들이 요즘에는 옛날처럼 큰소리 치지 못하고 있다고, 그것은 3공, 5공, 6공에 이르기까지 민주인사 내지 재야인사를 가지지 못했기 때문이라고 지적했지만 내 생각은 좀 다르다.

일제강점기 때 안동의 각 집안들은 '가문보다는 나라가 큰 것이라'고 문중회의에서 공론이 모아지자 조상의 신주를 땅에 묻고 하나 둘 만주로, 상하이로 독립운동을 위해 떠났다. 그런 집들이 뒤에 어떻게 되었는지를 뼈저리게 지켜봐왔기에, 집집마다 그런 울혈들을 내장하고 있기에 5공, 6공이 저물도록 그들은 함부로 대의를 위해 나설 수가 없었던 것이다. 그러면서 안동 양반답게, 대인다운 너그러움과 저승사자 앞에서도 기죽지 않을 기개로 데모하러 나서는 아들들에게 이렇게 말했다. "그 자들이 왜놈이라? 왜놈만 아이면 그꾸 싸울 거 없다. 남 못할 짓도 하기는 한다마는 지도 하다보면 염치란 게 있을 터이니 어느 때는 멈추겠지." 터무니없는 낙관이었지만 아들딸들은 아버지의 눈빛이 하도 간절해 멈추지 않을 수가 없었다.

외내(오천)의 광산 김씨 예안파도 그런 명문가 중의 하나였다. "마을 전체에 군자 아닌 사람이 없다."하여 '군자리'로도 불렸다는 외내의 고래등 같은 기와집들은 물이 들어오자 군말 없이 새로운 장소로 집단이주했다. 그래서 울며 겨자 먹기로 만들어진 마을이 지금의 군자리다.

1974년 이전했으니 새 군자리에도 이젠 제법 역사가 생겼다. 마을 입구 느티나무들도 우람해졌고, 입구 기둥에 써둔 '적선여경積善餘慶' 글자들에도 고졸함이 감돌아 상처를 씻는 것은 역시 세월의 힘이구나 싶다.

지금 우리가 찾을 집은 탁청정이다. 16세기 처음 이곳에 자리 잡은 입향조 김효로의 작은 아들 김유金綏의 집으로, 중종 36년(1541)에 지어졌다. 군자리엔 후조당, 설월당, 양정당 같은 종가와 산남정, 읍청정, 침락정, 계암정 같은 정자들이 무슨 한옥 모델하우스처럼 즐비하게 늘어서 있다. 집집마다 앉음새와 표정이 다르고 기단과 기둥 모양이 다르고 툇마루의 위치와 문과 난간의 형태가 다 달라 지향하는 뜻과 아름다움도 제각각이다. 그 미묘한 차이를 읽어내면 한옥이 얼마나 다채로운지를 재발견해낼 수 있으리라.

그러나 군자리에 정작 후손들이 들어와 사는 집은 거의 없다. 소상이 물려준 집을 지키고 앉아 있는 일이 항산恒産을 만들어내지 못하기 때문이고 그래서 종손들은 다들 도시로 떠났다. 안동의 숱한 한옥들은 주인이 살지 않아 대들보만 덩실한 채 속절없이 허물어지고 있다.

최근 화장실과 욕실을 만들어 넣어 한옥 민박집으로 몸을 바꾼 집들이 생기는 것은 일단 환영할 만하다. 안동에 남은 종손들을 만나면 이제 숙박업소 사장이 됐다고 껄껄거리지만 옛집을 살리는 덴 사람의 콧김만 한 게 없다니 서로 사는 길이다. 얼마 전부터 군자리도 한옥체험마을로

안채 대청마루에 조상 대대로 물려 쓴 그릇 들을 놓았다.
한 사람 앞에 하나씩 독상을 차려내기 위한 상이 얹힌 시렁이 보인다

지정되어 슬슬 방문객이 늘고 있다.

이곳 탁청정은 이름대로 정자지만 종택인 살림집이 바로 곁에 붙어 있고, 지금 후손이 살고 있어 윤이 자르르 흐른다. 그래서 600년의 어스름한 시간이 현재의 명백한 시간에 이어져 살아 숨 쉬는 가치를 만들어낸다. 탁청정에는 예전 중종·인조·명종·선조 시절의 어른들은 짐작도 못할 문명의 이기들이 집안에 속속 들어와 있다. 수백 년 묵은 문짝과 마루장에 살짝 숨겨진 냉장고, 가스레인지, 전기밥솥, 세탁기 같은 가전제품들은 전혀 어색하지가 않다. 살림에 소용되는 물건들은 일단 사람의 손때가 묻으면 어느 지역, 어느 시대의 것이든 서로 너그럽게 어울려든다는 것을 탁청정 부엌에서 새삼 확인한다.

현재 이 집에 살고 있는 이미령 여사(호가 수월당이다)는 한옥을 '반짝반짝 윤내는 분야'에서 기의 달인의 경지에 올랐다. 오랫동안 방치되어 있던 집이 그의 손이 닿자 환골탈태했다. 낡은 반닫이도 놋그릇도 문짝도 의걸이도 심지어 헌 바가지와 채반도 그의 손이 닿으면 아연 '럭셔리'하고 '엘레강스'하게 변신한다. 요컨대 그는 오래된 물건들이 품고 있는 이야기를 끄집어낼 줄 아는 사람이다. 낯선 호칭 '여사'가 '여자 선비'의 줄임말이라면, 이미령 여사만큼 이 호칭에 잘 어울리는 사람을 만나기란 쉽지 않다.

"벽지를 뜯으면 숨어 있던 벽장이 드러나고, 벽장 위에 숨어 있던 다락이 발견되고……. 이 집에 들어와 살면서 날마다 보물찾기하는 기분이었어. 이렇게 구석구석 수납공간을 만들어둔 건 방안을 잡다한 물건 없이 정갈하게 유지하려는 거지."

그런데 이미령 여사는 광산 김씨가 아닌 진성 이씨다. 원래 본가는 여기서 몇 킬로미터 떨어진 도산면 토계에 있는 송재종택(송재는 퇴계의 삼촌이다)이고, 이곳 탁청정은 그의 외가다.

"이 방이 우리 아버지와 어머니가 처음 신방을 차렸던 곳이래. 처음 만날 때 아버지는 탁청정에 앉아 계시고 어머니가 처네를 쓰고 정자 앞에 있는 연못을 한 바퀴 돌았다지. 그렇게 선을 봤는데 처녀가 매우 미인이었는데도 당시 신문기자이던 아버지는 신여성이 아니어서인지 그다지 마음에 들어하지 않으셨나 봐."

그냥 가버리는 청년을 외할머니가 뒤따라가 보니 훤칠하고 준수한 미남자더라 했다. 그래도 청년은 다른 건 그만두고 신부가 독립운동의 거물인 김남수의 질녀라는 점이 마음에 들어 혼인을 결심한다.

외가가 집과 가까워서 어린 이미령은 주로 외가에서 자랐다.

"도시락 반찬이 맘에 안 든다고 그냥 학교에 가 버리면 쉬는 시간에 외할머니가 도시락을 싸들고 창 밖에 서 계셨어. 외할머니는 슬하에 어머니와 외삼촌 단 둘 뿐이셨거든. 외삼촌은 좌익도 아니었는데 좌익으로 몰려 전쟁 때 처형당했어. 외숙모가 홀몸으로 외사촌 형제를 키우느라 외로우셨지. 그래서 외가에서 자라다시피 했어."

그런 특별한 외가라서 서울 생활이 지칠 무렵 자연스럽게 이곳 군자리로 들어왔다. 비워 둔 집의 묵은 때를 몇 달 동안 공들여 벗겨내면서 집과 절로 대화하게 됐고, 그 교감이 상처받은 마음을 어루만진다는 것도 느꼈다.

이미령 여사에게 듣는 이 집안의 역사는 대하소설 감이었다. 그런 이야기를 듣느라 나는 여러 번 탁청정에서 묵었다. 기와 위에 자라는 바위솔을 올려다보며 풋잠이 들기도 했고, 아침 햇살이 추녀의 그림자를 시시각각 창호지 문 위에 그려놓는 것도 구경했다. 탁청정에서 태어나고 자라고 죽어간 이들의 수백 년 내력이 서늘하게 등허리에 감촉되기도 했다. 여기저기 윤기 닦아놓은 해묵은 살림살이에서도 이야기가 흘러나왔지만 가장 인상적인 것은 젊은 아버지가 서너 살 된 아기 이미령을 안고 조금 허탈한 눈빛으로 이쪽을 바라보는 낡은 사진이었다.

이미령이 1941년생이니 저건 아마도 43년이나 44년쯤 되는 시점일 것이다. 44년이면 군자리에서 엎어지면 코 닿을 거리인 원촌에 살던 시인 이육사가 북경 감옥에서 옥사했을 즈음이다(육사의 따님 이옥비 여사와 이미령은 나이도 동갑이고 성씨도 같아 자주 만나는 가까운 벗이다). 이미령의 선친 이용락 선생도 독립운동에 가담했다가 안동농림학교를 퇴학당하고

선친 이용락 선생 무덤 앞엔 유작을 새긴 작은 빗돌을 세웠다.

동강난 땅/무성한 독버섯/거센 눈보라 속/나비를 기다리는/ 빨간 꽃마음

옥에 갇혔다. 그러나 옥에서 아는 사람을 만나 천만다행으로 풀려나왔더라 한다.

사진 속 남자의 얼굴에 요즘 딸바보 아빠들의 흐물흐물한 웃음 대신 씁쓸한 우울이 보이는 건 시대가 드리운 그림자 탓이리라. 더 흥미로운 건 그 얼굴이 영화감독 이창동의 표정과 흡사하다는 점이다. 그럴 수밖에 없는 것이 이창동은 그의 남동생이다. 웃어도 입 귀퉁이가 씁쓸하게 말려 올라가던 이창동의 표정은 부자가 겪어온 세월이 본질적으로 달라지지 않은 까닭인지 내부에서 솟아나오는 기질 탓인지 알 수 없다.

아무튼 이 집 형제들은 아름다움을 읽는 안목과 사람살이를 짚어내는 국량과 내성적인 따스함에서 특별한 힘을 가진 듯하다. 그건 탁청정의 내림일 수도, 퇴계 집안의 DNA일 수도, 그 둘의 결합일 수도 있겠지만, 핏줄이란 그리 간단치가 않다는 것을 나는 나이 들수록 실감하는 중이다.

탁청정 김유는 16세기에 최초의 요리책 《수운잡방》을 지은 분이다. 당시 안동의 소박한 정자들과 달리 탁청정은 규모도 크고 장식도 화려하고 현판 크기도 압도적이었다.

원래는 딸린 종가도 99칸 규모였으나 어느 해인가 불에 타버렸다. 불이 나던 때는 가세가 기울어 어쩔 수 없이 조선 초기에 지어진 예안의 22

허리가 좋지 않아 침대를 들여 놓아 탁청정 안방은 온돌 아닌 입식이다.
얼마든지 변형 가능하다는 것이 한옥의 너그러움이다

작은 사랑방 뒤쪽으로 난 자그만 문.
지엄한 법도를 뚫고 젊은 사랑주인은
이 문을 통해 안채의 새댁에게 갈 수 있었다

손님용으로 비워둔 사랑방.
검허하고 단촐하다

칸짜리 아전 집을 이전해왔다고 한다. 2012년 탁청정 종택은 드디어 국가문화재로 지정되었다. 지정 이유가 조선 초기 주택의 양식을 잘 보여주기 때문이라니 그때 난 불이 몇 백 년 만에 행운을 가져다 준 셈이런가.

　탁청정에는 의미심장한 신화 하나가 전한다. 명필 한석봉이 '탁청정' 현판을 쓰고 있을 때 누군가 시기하는 사람이 사다리를 발로 확 차버렸다. 그런데 한석봉의 몸은 바닥에 떨어지지 않고 붓에 매달려 현판에 딱 붙어있더라 한다. 믿거나 말거나 붓에다 혼을 모조리 쏟아부었으니 몸에는 힘이 한 톨도 남아 있지 않았다는 거다.

　낡은 바라지문 뒤에 숨은 현대식 부엌에서 이미령 여사가 차려내는 밥상 또한 여느 집과는 썩 다르다. 하긴 500년 전에 이미 《수운잡방》을 남겼고 퇴계 선생도 "탁청정 부엌에는 늘 진미가 가득하고 독에는 항상 술이 가득하다."고 찬탄했던 음식이니 특별할 수밖에!

　"사랑방 뒷벽에 난 눈꼽만한 문 봤어? 거기로 나와 모퉁이를 돌면 안방 뒷문과 바로 연결돼. 예전에는 어른들이 정해준 날만 내외가 만날 수 있었거든. 아무 때나 합방할 수가 없었다고! 겉으로는 그렇게 법도가 지엄한데도 젊은 부부의 숨통을 틔워줄려고 살짝 샛문을 만들어두지 않았을까. 하하."

　그는 두 아들에게 제 살림을 내준 후 옛집으로 낙향했고, 지금 10년 넘게 탁청정을 지키고 있다.

뒤뜰 돌담 아래에 놓인 석물들.
우물도 보인다

"뜰에 앉아 있으면 나비와 잠자리가 손등에 내려와 앉아. 외사촌들이 아직은 내려와 살 형편이 되지 못해 이 종가가 당분간 내 차지가 됐지."

자그만 안뜰엔 어디선가 날아온 매말톱, 벌개미취, 채송화 같은 꽃이 저희끼리 소박하게 자란다. 이끼 낀 기와지붕과 오래된 나무 기둥은 소박한 꽃에 말할 수 없는 아취를 준다. 옛 부엌엔 무쇠 솥이 반질반질 윤을 낸다. 가끔 귀한 손이 오면 아궁이에 장작을 가득 넣고 이 솥에 시래기를 삶거나 나물국을 끓인다.

"흙과 나무로 지은 집은 가끔 이렇게 연기와 김을 쐬어줘야 곰팡이나 좀벌레가 도망가거든. 여러 사람이 욱씬욱씬 밟아줘야 기운도 살아나."

집 바로 곁에 있는 정자 탁청정은 방이 둘이다. 중간문을 들어 올려 하나로 트기도 한다. 대청으로 향한 문을 들어 올리면 잠깐만에 방은 누로 바뀔 수도 있다. 한옥은 케케묵은 답답한 공간이 절대로 아니다. 이렇게나 변화무쌍하고 가변적이고 운신의 폭이 자유로운 공간을 또 어디 가서 찾으랴.

탁청정은 영남지방 개인 정자로는 가장 우아하고 웅장하다는 평가를 얻고 있다. 퇴계가 준공 때 와서 보고는 너무 화려해서 마루에 올라서

손님이 오면 가마솥에 콩가루 묻힌 나물국을 끓이고,
그 잉걸불에 석쇠를 놓고 안동 간고등어를 굽는다

활달하고 웅장한 탁청정과 너른 대청마루

현판은 한석봉의 글씨로 '창랑의 물이 맑으면 갓끈을 씻고
창랑의 물이 흐리면 발을 씻으리라' 란 굴원의 시에서 따왔다

지 않고 그냥 돌아갔다는 얘기도 전하지만 사실인 것 같지는 않다. 다만 퇴계는 탁청정의 위용에 놀라긴 했을 것이다. 선생이 기거하던 도산서당은 정면 세 칸, 측면 한 칸짜리 나지막한 초가집인데 이곳은 정면 일곱 칸, 측면 두 칸 규모의 덩실한 팔작기와집이었으니! 그렇지만 탁청정의 풍광을 찬미하는 시를 써서 대청마루에 걸게 했다. 퇴계 말고도 정자 천정 아래로는 농암, 금계, 청풍자 선생 등 당대 명현들의 시판이 즐비하다.

 대청은 너른 주초 위에 세워 위용을 강조했고, 누마루 둘레엔 난간을 두르고 앞에는 연못을 파서 운치를 더했다. 이미령 여사 어머니가 처네 입고 한 바퀴 돌았다는 그 연못이 여전히 탁청정 앞에 복원되어 연을 키우고 있다.

 닥청징 빙문을 가만히 살피면 섬세한 디테일에 감탄하게 된다. 문 안에 다시 작은 문이 들어있는 디자인은 기능과 미와 독창성을 고루 갖췄다. 쇠를 손으로 두들겨 만든 문고리의 조형성 또한 그냥 지나칠 수 없다. 이렇게 빼어난 조상들의 감각과 안목이라니! 다른 말은 부질없다. 기회가 있으면 안동 군자리로 가서 탁청정을 직접 보라고 권할 수밖에!

 종택은 개인 공간이지만 한석봉 글씨가 빛나는 정자는 누구에게나 열려 있다. 낯빛이 온화한 멋쟁이 여인과 눈이 마주치면 그가 바로 이미령일 것이고, 운 좋으면 차를 함께 나눌 수도 있을 것이다.

선비 권오춘의

양평 '초은당'

●

손이 오면 거울같이 윤나는 대청에서
너울너울 선비춤을 춘다

한옥에 앉아 있으니
춤추고 싶어라

●

드디어 초은당에 간다. 여러 자리에서 여러 입으로 분분하게 소문이 나부끼던 집이다. 옻칠을 아홉 차례나 하면서 돈을 종이처럼 쳐발랐다느니 한강 이남의 경복궁이라느니, 부석사 무량수전의 살림집 버전이라느니! 과격하고 선정적인 소문들이었다.

홍송을 켜서 옻칠한 대문 앞에 서니 얼굴에 잔뜩 웃음을 문 주인이 고무신 발로 뛰어나온다. 신만 고무신이 아니다. 명주 누비 바지저고리에 역시 솜 두고 누빈 조끼를 입었다.

어느 해 파주 헤이리의 한 축제에서 그가 추는 춤을 구경한 적 있다. 동작이 활달하고 우아해 모인 사람 다들 그의 길쑴한 팔다리가 만들어내는 품새에서 눈을 떼지 못했다. 그는 재담도 잘했다. 권오춘이 술술 풀어놓는 우스갯소리 중에 내 귀에 쏙 들어오는 내용이 있었다.

"경상도 남자가 서울 여자 만나서 살려니 사사건건 비끄러지고 충돌이 나. 모래밭에는 땅콩 심고 진흙밭에는 연근 심어야 되는데 진흙밭에 땅콩을 심어놨으니 될 택이 있나 싶드라고. 그래서 갈라설까 하다가 가만 누워서 생각해보니 이스라엘 농법이 떠오르더란 말이야. 아니 그놈

흰 저고리에 쪽물 들여 지은 바지와 조끼를 입은 초은당 주인 권오춘이
대문 쪽으로 달려 내려오고 있다

들은 사막에 물을 대어 숲도 만들고 옥토도 만드는 데 까짓 거 이스라엘 농법으로 살면 되지 싶데."

사람들은 박장대소. 그의 곁엔 언제나 웃음이 넘쳐난다.

인정 많고 신명 많고 입담 좋고 심지 깊은 권오춘은 내가 아는 남자 중에 내 아버지 말고는 한복이 가장 잘 어울리는 사람이다. 쪽물 들인 두루마기를 차려 입고 남의 혼례에라도 가면 식장이 환해져서 내혼주들의 입이 함박만해진다고 자랑이 늘어졌다.

국어고전문화원 이사장 직함을 가진 그는 지금 전통문화의 르네상스에 온몸을 바치고 있다. 소득 3만 달러가 되면 다들 전통정신을 찾을 수밖에 없을 텐데 막상 한옥과 한복과 한식과 전통 공예가 다 시리지면 큰일 날 일 아니냐며 자신의 삶으로 철저하게 한국인의 문화를 지키겠노라고 선언했다.

먼저 집 이야기부터! 초은당이 앉은 곳은 양평군 서종면 문호리의 야트막한 언덕이다. 눈앞에 북한강 줄기가 펼쳐지고 뒤로는 둥두렷한 산이 막아섰다. 좌우로는 거인의 두 팔인 양 산줄기가 흘러내려와 집터를 포근하게 껴안는 형국이다. 풍수를 모르는 까막눈의 입에서도 배산임수, 좌청룡우백호 같은 말이 절로 튀어나올 길지다.

　원래 이 집은 문화재 전문위원이기도 한, 홍은옥 교수(명지대 공예과)가 박물관을 할 요량으로 맘먹고 지었다. 도목수는 봉정사 극락전, 백제문화단지 같은 국보급 문화재를 복원한 인간문화재 최기영 선생이 맡았다. 그런데 짓는 중에 그만 IMF 외환위기가 터졌다. 자금에 문제가 생겨 급히 새 주인을 물색하던 홍 교수와 마땅한 한옥을 찾고 있던 권 이사장이 만났다.

　"집을 보자마자 그 자리에서 계약하겠다고 덤볐어요. 당시 집사람은 미국에 머물던 중이었는데 전화로 상의했더니 정 한옥에 살아야겠거든 이혼하자고 하데요. 금방 설득할 수 있는 일은 아니겠다 싶어 좌우지간 계약부터 먼저 해버렸지요. 그런데 아직 이혼은 안 했어요. 하하."

　초은당을 산 게 2004년인데 아직 설득에 완전히 성공하진 못했다. 부인은 잠실의 아파트에 살고 양평 집에는 사랑주인만 혼자 내려와 맥반석 구들 아래 군불 때면서 살고 있다. 한옥이 현대 한국인에게, 특히 살림을 맡은 안주인에게 얼마나 천대받고 있는지를 통렬하게 보여주는 현실이다.

"한옥에 살면 불편한 줄 알지만 막상 익숙해지면 심신이 아주 편안해져요. 이렇게 과학적이고 인간을 깊이 이해하는 건축 양식이 있었던가, 새삼 놀랍니다. 창호지, 문얼굴, 창호의 치수 같은 것들이 철저하게 휴머니즘에 입각해 있어요. 한옥은 우주를 포괄하는 집이에요. 추녀의 원, 기둥과 마루와 방 마루의 네모, 지붕의 세모가 합해 원방각圓方角 천지인天地人 철학을 품고 있습니다. 한복 또한 마찬가지예요. 품새를 넉넉하게 잡아놓고 중단전과 하단전을 고름과 띠로 묶지요. 대님 묶는 곳도 팍팍 혈자리를 짚어놓은 기예요.

소맷자락이 넓고 바지 품이 너른 옷을 입으면 자연히 언행도 의젓하고 신중해집니다. 우리 사회는 너무 급격하게 변해요. 전통문화를 오십 년도 안 되어 다 내팽개친 나라는 우리밖에 없을 거예요. 우리 아버지는 평생 한복을 입고 사셨어요. 나이 마흔쯤 되니까 나도 한복 입고 살아도 안 될 게 없겠다 싶더라고요. 여름엔 모시옷 열 벌, 삼베옷 열 벌을 누님이 빨아서 풀해 다려줘요. 그렇게 한 번만 손질해놓으면 여름 내내 입고 남아요. 겨울옷은 자주 빨 필요도 없으니까 세탁소에 맡기면 되고!"

그의 입에서 한번 한옥과 한복와 한지와 한식 예찬이 나오면 삼박사일도 모자라지만 처음 듣는 내용이 많고 실전에서 터득한 이론이라 전혀 지루하지 않다.

"한옥은 나무와 흙으로만 지어요. 기와집, 초가집, 너와집 하는 건 지붕 재료를 말하는 것일 뿐이고, 벽은 전부 흙과 나무거든. 그렇게 지으면 허물어도 건축 폐기물이 생기지 않아요. 자연을 오염하는 것이 하나도 없어요. 한옥의 가장 탁월한 점이 뭔 줄 알아요? 집 안팎으로 바람이 통한다는 겁니다. 아파트는 사방을 밀폐시켜 바람을 막지만 한옥은 앞뒤 공기가 소통합니다. 집도 살아 있는 존재지요. 숨을 쉬어야만 사는 생명이라고 인식하고 있었으니 바람길을 뚫어놨어요. 마루가 왜 있는 줄 압니까?"

"마루야 여름용이지요. 온돌방은 겨울용이고……. 북방형 온돌과 남방형 마루가 공존하는 것이 한옥의 특징 아닌가요?"

나도 들은 풍월은 있어서 제법 아는 체를 했다.

"하하 옳거니! 그러나 겨울에도 마루는 필요해요. 그게 방과 바깥이라는 공간의 완충지대거든. 따뜻한 방에서 차가운 바깥으로 나가기 전에 일단 외기보다는 덜 차가운 마루에서 체온 조절을 하고 바깥에 나간단 말입니다. 그러면 감기에 안 걸립니다. 호흡기 질환이 확실히 줄어요. 처마는 왜 필요한 줄 아십니까?"

문답법으로 진리를 가르친 소크라테스처럼 권오춘은 이런저런 질문을 퍼부으며 내게 한옥 공부를 톡톡히 시켰다. 그는 90년대 초반부터 한옥을 본격적으로 공부하기 시작했다. 책도 읽고 답사도 했다. 한옥 사랑이 생명운동이라는 것도 알게 됐다.

"옛 기와기붕은 문제가 좀 있어요. 흙을 깔고 기와를 얹으면 흙에 풀씨나 나무씨가 떨어져 기와를 상하게 만들거든요. 흙 대신 진흙과 회를 섞으면 식물이 자라지 못하지요. 과거에는 기와를 700~800도로 구웠지만 지금 고령기와는 1300도로 구워서 도자기처럼 단단해요. 옛날 기와는 7, 80년 되면 문제가 생기지만 고온으로 굽는 고령기와는 300년 이상 견딥니다. 전통과 현대가 공존하는 온고지신이지요. 강남 서른 평 아파트 한 채가 웬만하면 10억 원이 넘잖아요. 그거 처분하면 마당 너른 한옥 한 채 짓고도 남지요."

앉아서 보는 초은당 지붕은 여느 한옥과는 다르다. 처마가 길게 빠져나와 기와지붕이 내려앉은 모습이 새가 비상하는 형상이되 이건 까막까치 같은 잡새의 날개는 아니다. 적어도 독수리나 봉황쯤은 될 듯하게 우람해보인다.

"처마가 긴 것은 고려시대 건축양식이랍니다. 남성적인 집이지요. 처마는 모자의 챙 같은 겁니다. 그늘이라는 게 참 요긴해서 직사광선을 막아주고, 여름엔 공기를 시원하게, 겨울엔 따뜻하게 조정하는 기능도 하거든요.

정수화 장인이 옻칠을 다섯 번한 대청마루,
거울처럼 반짝거린다

조선시대 왕실에서 사용하던 침상

〈活水書堂〉,
당호는 초은당을 좋아하고 한학에 조예가 깊은
조순 총리가 썼다

낙숫물 소리는 자연의 음악이지요. 이런 처마를 죽여 버리는 집을 고급 건축이라고 칭송하는 건 어처구니없어요."

그렇게 공들여 지어진 초은당을 그는 그냥 두지 않고 다시 옻칠했다. 그냥 옻칠 정도가 아니라 인간문화재 옻칠장인 정수화 씨를 초빙해 기둥은 아홉 번, 바닥은 다섯 번씩 덧발랐다. 초은당은 그래서 마루장도 기둥도 빛을 반사하는 거울 면이 됐다.

"옻칠은 세계에 자랑할 우리 보물입니다. 옻칠을 제대로 하면 불에 타지도 않고 원적외선이라는 것이 엄청나게 나온답니다. 옻나무로 차를 다려 먹으면 조기엔 암도 치료할 수 있대요. 유리컵에 우유를 담아 놓으면 하루를 넘기지 못하지만 옻칠한 나무 컵에 우유를 담으면 일주일이 가도 상하지 않아요. 그걸 내 눈으로 늘 본다니까요."

그의 집엔 옻칠한 장과 주칠한 장이 벽마다 즐비하다. 침상과 병풍과 이불이, 밥상과 그릇과 수저가 두루 인간문화재급 장인이 만든 명품들이다. 전통공예 장인들은 아무리 기술이 뛰어나고 작품이 훌륭하더라도 물건을 사주는 '소비자'가 없으면 생계를 유지할 수 없다. 소비하는 사람이 적으면 가격은 더 높아질 수밖에 없고, 일반인은 가격이 높아서 접근하기 어렵고. 그런 악순환이 탁월한 한국 공예의 맥을 끊어 놓을 지경에 이르렀다.

그가 안타까워하는 것이 바로 이 부분이다. 옻칠장, 매듭장, 누비장,

염색장, 주칠장, 기와장, 벽돌장, 한복 장인에게 그는 일부러 일거리를 만들어서 맡긴다. 그래야 그들이 신명나게 일할 수 있고 수입도 생길 테고, 자신은 세계 최고의 호사를 누릴 수 있는 데다 무엇보다 우리 전통공예의 명맥을 이어갈 수 있을 테니까.

그는 안동 권씨 부정공파 35대손으로 경북 안동에서 나고 자랐다. 태생적으로 선비 정신이 몸에 배었다. 10여 년 전에는 하회 마을 인근 '구담'에 광산 김씨 종가집이던 60칸짜리 구담정사를 장만해 고생하신 어머니를 그리로 모셨다.

"어머니가 딸을 넷 낳고 날 임신했는데 또 딸을 낳을 게 뻔하다고 할머니는 하마 아들 낳을 여자를 물색하러 다니더랍니다. 어머니는 이번에도 딸을 낳거든 그때 가서 여자를 들이라고 시어머니를 주저앉혔대요. 내 태몽이 심상찮아서 믿는 구석이 있었답니다. 하하."

그렇게 태어난 아들이라 천하의 '귀동'으로 컸다. 다치지 말고 놀라고 어머니가 일부러 가마솥에 모래를 볶아서 깔아줄 정도였다니 알 만하다. 그는 뭘 해서 이토록 돈을 벌었을까. 초은당에 들러본 사람들은 다들 그걸 궁금해 한다. 원래 그는 증권맨이었다. 증권이 날아오르던 시대였고, 30대에 지점장을 할 정도로 그 분야에서 승승장구했다. 식사도 잠도 뒤로 밀쳐놓은 채 어마어마한 돈덩이가 거품처럼 부풀어 오르다가 사그라지는 것을 지켜봤다. 그게 직업이었다. "뭉치 돈을 오래 만지면

퇴계 선생의 활인심방과 닮은 선비춤.
한 동작에도 관절 365개가 동시에 움직이고,
발 한번 떼어놓는 데도 우주를 들어 올리듯 정신을 집중해야 한다

삶이 피폐해져서 안 되겠다 싶더라고요." 그래서 결연히 그만두고 어릴 적 익숙하던 한학과 경전 연구에 빠져들었다.

조선 중기까지만 해도 이곳 양평의 북한강 물길은 안동의 낙동강까지 닿았다고 전한다. 배를 타고 선유하며 그렇게 흘러간 기록이 여기저기 보인다. 지금 여기 양수리 북한강가 초은당 앞을 맴도는 물길이 다시 안동 하회에 이르러 구담정사까지 흘러가는 날을 그는 꿈꾼다.

초은당은 본채 스물일곱 칸, 별채 세 칸 해서 모두 서른 칸 집이다. 깔고 앉은 대지는 1000평. 대문 앞에는 들어서는 사람을 향해 절하는 형상의 향나무와 봉화에서 가져온 금강송을 심었다. 마당으로 올라서는 계단은 문경에서 실어온 목화문석이다. 들여다보면 돌 속에 목화송이가 툭툭 벙근다. 대문 앞 한 쪽에는 '招', 다른 쪽에는 '隱'이라고 새겨진 와당을 박아 넣었다. '초은招隱'은 숨어 있는 사람을 부른다는 의미의 당호이고, 권오춘의 호다.

지난 가을에는 바깥담을 새로 둘렀다. 거기에는 검은빛이 감도는 보령 오석을 썼다.

"산성을 쌓는 방식으로 담을 쌓았어요. 담장 위에 늘어 놓은 흙인형은 인연 깊은 도예가 박종식이 만들어서 구운 겁니다. 담을 쌓은 2012년을 기념하기 위해 모두 2012명을 만들었다네요. 허허."

흙을 뭉쳐 낮은 온도에 구워낸 흙인형들은 인간의 온갖 동작들을 형용하며 엎드리거나 앉았거나 서 있다. 그냥 자세를 본떴을 뿐인데도 희로애락이 들여다보이고 고민의 무게까지 느껴지는 게 신통하다. 성벽 안쪽은 흙길이 그대로 나 있다. 봄이 오면 바닥에 곱디 고운 조선꽃들을 심을 생각이다.

"바닥에 깔린 벽돌도 박종식의 작품입니다. 자세히 들여다보세요, 얼마나 아름답습니까. 이게 모두 한국 전통 문양을 벽돌 위에 복원한 겁니다."

그이와 함께 인사동을 걸었다. 지나가는 사람이 다들 고개를 돌려 쳐다본다. 바람에 휘날리는 먹색 모본단 두루마기 자락과 소색 명주 수건과 앞코에 흰 줄무늬를 새긴 갈색 태사혜의 멋이 박래품 명품 옷과 구두를 걸친 이들을 가비압게 압도한다. 이렇게 멋진 옷과 집과 장신구를 가졌건만 손안에 쥔 보물을 우리는 너무 모르고 있다. 2013년, 너른 서울 거리에 권오춘 말고는 그걸 입고 신은 사람이 아무도 없으니 이걸 어쩌면 좋으냐.

ⓒ권혁재

학고재 대표 우찬규의

팔판동 '삼호당'

●

탐매도를 찾아다니고 매화음을 모아
책을 만드는 사이,
절로 매화에 빠진 사람이 되었다

탐매와 문향과 매화음이
넘나드는 곳

●

    나이 들면서 더 자주 느끼는 게 삶의 신비함이다. 합리적 계산 저 너머에서 따로 작동하는 계산법이 있다는 것을 실감할 때가 많다. 학고재 우찬규 대표의 서울 팔판동 집 '삼호당三乎堂'에 가서도 그런 신비를 느꼈다. 탐매探梅와 문향聞香과 매화음梅花吟이 수백 년 시간을 섞바꾸며 넘나드는 광경이 거기 있었다.

    대문을 열자 청아한 꽃망울을 단 '수양매'가 느긋하게 바람에 흔들렸고, 자태 소슬한 매화들이 담장 아래 늘어서서 기품 있는 향내를 풍겼다. 모양도 향도 빛깔도 예사 꽃과는 반열이 달랐다(7건 청매라 했다. 꽃잎이 희되 녹색 쪽으로 당겨진 흰빛인 건 꽃받침과 수술이 연한 녹빛을 띠기 때문이다).

    실은 나는 겨우내 팔판동 '삼호당'에 매화가 피기를 기다렸다. 지난해 봄은 절기가 다른 해와 불안할 만큼 달라 개화 소식은 좀처럼 당도하지 않았다. 4월이 되어서야 마침내 꽃이 벙글었단 '뉘우스'에 한달음 달려간 길이었다.

    알다시피 팔판동은 여덟 판서가 난 집이 있는 동네라 하여 붙여진 이름이다. 조선시대 지적부가 없으니 확인할 길은 없지만 삼호당이 그 팔판서의 집인 걸로 추정되는 방증 자료는 꽤 있다. 우선 이 동네에 이만한 규모를 갖춘 집이 없다는 점, 조선 초 팔판서를 배출한 강릉 김씨가 소유하고 있었다는 점, 풍수상 북으로는 귀인성貴人星이 동으로는 일자문성一字文星이 호위하고 있다는 점 등이 그런 추론을 가능케 하는 이유다.

그러나 나는 무엇보다도 이 집 뜰에 가득한 매화를 그 증명으로 들고 싶다. 매화는 우 대표가 몹시 애착하는 꽃이다. 우 대표는 갤러리 학고재와 출판사 학고재를 함께 운영하고 있다. 학고재라는 이름 자체가 '학고창신學古創新'의 줄임이니 매화를 좇는 그의 행적은 연원이 깊다.

조선 선비라면 〈고사탐매도〉 하나쯤 가지지 않은 이가 없고, 거기 매화음 한두 수 읊지 않은 이가 없으니 매화는 당시 선비들의 '이상'이었다. 그 탐매도를 찾아다니고 매화음을 모아 책을 만드는 사이 우찬규는 절로 '매화'에 빠진 사람이 되었다.

나는 학고재가 출판한 《내 가슴에 매화 한 그루 심어 놓고》라는 책을 자주 펼쳐본다. 손종섭 선생이 옛 매화시들을 한글로 풀어놓은 책으로, 거기엔 퇴계의 매화시가 3편 들어 있다. 우 대표는 예전 한 일간지 칼럼에 '퇴계의 매화 사랑'이란 글을 쓴 적이 있다. 신문에서 만나는 글 중에 그만큼 여운이 오래가는 글은 흔치 않아 일부러 캡처해 놓고 가끔 읽는다.

(……) 퇴계 선생이 임종을 앞두고 남긴 말은 알다시피 '저 매화에 물 줘라'다. 나는 그 말에서 선생의 심중에 남은 두향의 야윈 모습을 본다. 지난해 가을 나는 매화 전문가에게서 운 좋게도 도산 매화의 지손支孫을 몇 주 분양받았다. 가지도 줄기도 꽃받침도 모두 푸른 녹악매. 집 담장 밑에 고이 심어 모셨다. 내년부터는 남행열차에 성급히 몸을 싣지 않아도 되리라. (……)

선생의 심중에 남아 있던 두향의 야윈 모습이라……. 퇴계는 도산서원 마당에 엎드린 즐비한 선비들의 도포자락이 아니라 매화와 두향으로 완성된다. 나는 근엄한 퇴계보다 해마다 청매 송이 속에서 피어나 청향을 풍기는 서정적 퇴계가 훨씬 좋다.

삼호당에는 매화가 아홉 그루 있다. 수령이 30년쯤 된 매화들로 모두 도산매의 후예다. 도산매란 퇴계가 두향에게 받았던 바로 그 매화로, 가지도 줄기도 꽃받침도 수술도 모두 푸른 청매다.

"청매가 가장 고결합니다. 향도 더 깊지요. 청매인 줄 알고 뒤뜰 석등 좌우로 두 그루를 심었더니 오른쪽 것은 백매더라고요."

백매는 꽃잎이 희어도 꽃받침은 붉다. 그래서 청매보다 맑은 기운이 조금 떨어진다. 나중 매화 필 철에 도산서원에 갔더니 정작 서원 앞의 매화도 청매보다는 백매 쪽이 훨씬 그루 수가 많았다. 두향을 닮아 성정이 결곡한 청매는 백매보다 번식력이 떨어지나 보다.

매화를 좌우에 둔 뒤뜰 석등도 예사 물건이 아니다. 이 집을 사서 복원 작업을 하는 중 안뜰에 파묻혀 있던 놈을 발굴했다고 한다. 고려 때 석등으로 추정된다니 21세기 서울 한복판에서 이런 일이! 믿기 어려운 이야기가 아무렇지도 않게 튀어나오는 것이 삼호당의 특징이기도 하다.

"조선 500년 역사에서 최고의 천재는 매월당입니다. 매월당이 강릉 김씨거든요. 세종이 다섯 살 난 김시습을 불러 시를 짓게 했다면 집이 궁궐 근처에 있었을 거란 말이지요. 저는 그래서 조심스럽게 이 집이 매월당의 생가가 아닌지 추측해 봅니다."

우 대표가 이런 말을 던질 때 삼호당에 심어진 수령 30년쯤 된 청매들은 이미 예사 나무의 지위를 훌쩍 뛰어넘는다. 마침 내가 찾아간 날은 삼월 보름이었다. 매화에 비낀 달이라…… 500여 년 전 바로 여기서 어린 매월당이 살았다는 말이 나오지 않았대도 막 '매월당'이란 이름을 연상할 참이었다. 게다가 이 집 당호는 그 유명한 '논어' 첫 구절의 세 가지 되물음에서 따왔다지 않는가.

"學而時習之학이시습지 不亦說乎불역열호(배우고 때로 익히면 또한 기껍지 아니한가), 有朋自遠方來유붕자원방래 不亦樂乎불역낙호(벗이 먼 곳에서 찾아오니 또한 기쁘지 아니한가), 人不知而不慍인부지이불온 不亦君子乎불역군자호(남이 나를 알아주지 않아도 화내지 않으면 또한 군자가 아니겠는가)!! 여기에서 호乎를 셋 취했지요. 저는 이 세 문장에 논어 내용이 모조리 축약돼 있다고 믿습니다. 학문과 교우와 군자되기. 이것이 삶의 궁극적 목표라는 거지요."

매월당 김시습의 시습時習 또한 바로 이 부분에서 나왔다. 이걸 그저 우연이라고 말할 수 있을까.

"이 집에서 매월당이 나왔다고 여기는 근거는 또 있어요. 제가 필요가 있어 한때 풍수를 제법 공부했습니다. 사랑채에서 바라보면 감사원 너머로 보이는 산이 일자문봉입니다. 천재가 나올 지세지요. 뒤쪽으로 청와대를 두른 백악산의 봉우리가 보이지요? 저게 풍수상으로 귀인봉입니다. 팔판서가 나온 것이 사실이라면 저 귀인봉 때문일 겁니다."

우 대표는 이런 말을 특유의 수줍음을 잃지 않은 채 말했다. 그를 처음 본 지 10년이 넘었다. 그간 학고재는 괄목 성장했고, 우 대표는 문화계의 핵심 위치에 놓였으며, 손자 둘을 둔 조부까지 됐건만 여전히 그의 이미지는 겸허하고 소탈한 학인이다. 웃을 때 돌던 볼의 홍조도 사라지지 않았다. 언행이 시종 맑고 온화해 곁에 선 나의 속기가 갑자기 도드라질 지경이다. 탐매와 삼호의 정신이란 바로 이런 것인가.

우 대표는 여덟 살 때 아버지를 잃었다. 당시에 선친의 산소를 제대로 모시지 못한 것이 못내 마음에 걸렸다. 풍수를 배운 것은 선친을 명당에 모시고자 함이었다. 고서화를 공부하면서 한문 해독이 자유로워진 그는 풍수를 공부할 때도 남과는 비교할 수 없이 빨랐다. 한동안 우리 산천을 주름주름 밟고 다녔고 마침내 선친을 흡족한 터에 모셨다. 그 풍수 공부가 결국 삼호당을 찾아내는 안목이 되었다.

"고람 전기田琦의 〈매화서옥도〉를 보면서 언젠가 저런 집에 살고 싶다고 오랫동안 꿈꿔왔습니다. 삼호당 풍경이 인제 매화서옥을 닮아가는 듯해요."

하지만 삼호당은 매화서옥보다 훨씬 화려하다. 서옥인 건 맞지만 초옥은 아니다. 대지 150평에 건평 62평의 입구자[ㅁ] 덩실한 기와집이다. 6년여 공 들인 끝에 이전 주인이던 80대 노인에게서 기어이 사들일 수 있었다.

"제약회사 사무실로 쓰고 있더라고요. 온통 시멘트로 싸 발라서 한옥의 형태가 다 망가져 있었어요. 풍수를 좀 볼 줄 알았기에 오랫동안 눈독을 들였지요. 기다릴 땐 그토록 힘들더니 막상 손에 들어오려니 터무니없이도 쉽게 됩디다. 허허! 집을 손보려고 지붕을 들어냈더니 목재가 다 썩었어요. 어쩔 수 없어 옛 모습 그대로 복원해서 다시 지었습니다. 내부 설계는 승효상 선생이 하고, 대목은 김진주 선생이 맡았지요."

집은 전통방법을 고수했다. 쇠못 하나 치지 않았고, 벽은 다시마 아교에 흙을 개어 여덟 번씩 덧발랐다. 대들보는 조선솔 대신 남미산을 썼다. 이제 이사 온 지 8년째, 살수록 만족도가 높아진다. 해마다 뜰에서 따는 매실이 30~40킬로그램은 족히 된다. 그래서 학고재 사람들의 음료는 사철 매실진액이다.

"처음에는 뜰에 매화와 국화만 심었어요. 가장 먼저 피는 꽃과 가장 나중 피는 꽃으로. 나이 들면서 보니 너무 개결한 것만 좇는 것도 아니구나 싶고 매화와 국화가 피는 간격도 너무 길고, 그래서 나중엔 모란을 심기로 했습니다. 40년 넘은 모란을 일산 김흥일 씨 댁 허물 때 여러 그루 구했어요. 여름엔 뜰에 모란이 100송이 넘게 핍니다. 매화철과 목단철엔 골목에 들어오면서부터 향내가 진동을 하지요."

안뜰은 굵은 모래를 깔고 절묘하게 생긴 괴석 하나와 늙은 모란 한 그루만 두고 텅 비웠다. 놀랍게도 마당귀에 아기 호랑이 한 마리가 척 앉

이 집엔 문짝만 모두 330짝이 들어갔다.
문살 문양 살피는 것만도 큰 공부겠다

안채 식당과 부엌.
벽마다 문을 싫도록 내 그림 걸 공간이 없을 정도다

아 있다. 다가가보니 헝겊으로 만든 인형이다.

"아. 그 호랑이요? 손자 녀석 장난감으로 산 건데, 거기 앉혀뒀더니 그토록 많던 도둑고양이가 얼씬도 않아요."

이 덩그런 기와집에 지금은 부부와 딸 세 식구만 살고, 아래채에 살던 아들 내외는 얼마 전 딴 살림을 났다.

"손주 둘이 주말이면 한문을 배우러 할아버지한테 옵니다. 한 주일에 하루씩은 녀석들을 데리고 자지요."

전통 유가에 내려오던 할아버지가 손자를 가르치는 '격세교육'의 풍경이 삼호당에서는 여전히 유지되고 있다. 귀인성과 일자문성이 보이는 집에서 회임하고 출산한 손자들이 어떤 인물로 자랄지 자못 기대가 크다.

삼호당의 가장 두드러진 특징은 기둥에 매달린 주련들이다. 추사고택이 주련의 집이듯 삼호당도 주련의 집이다. 온통 추사 글씨인 셋노 삽다. 정침인 안채엔 추사에게 준 옹방강의 글씨를 걸고, 손자들이 살던 아래채엔 추사 제자인 김석준의 대구를 하나씩 붙였으니 약간의 변주가 있을 뿐! 그 아름답고 높은 뜻은 사진을 통해 꼼꼼히 살피시길 빈다. 여기서는 서재 앞의 한귀절만 소개한다.

"好古有時搜斷碣호고유시수단갈(옛것이 좋아 때로 깨어진 비석을 찾아다니고), 研經婁日罷吟詩연경루일파음시(경전 연구에 빠져 며칠간 시도 읊지 못했구나)"

셋.

집, 새로움에 홀리는

ⓒ신동연

조
각
가

박
상
희
의

팔판동 집

●

모은 것을 적절히 잇고 늘어놓기
무관심하게 버려진 물건들을 매서운 눈으로 포착하기

등마다 불이 켜지면
전혀 다른 풍경인 것을

●

청와대와 총리공관 사이에 팔판동이 있다. 경복궁으로 출근하던 조선의 여덟 판서들이 출근시간을 단축하기 위해 이 동네에 모여 살았던 모양이다. 이곳은 서울의 한가운데 있으면서도 옛 모습을 가장 오래 간직한 지역으로 조붓한 골목길 이름도 판서길이다.

청와대가 바로 곁이란 건 드나들기 부담스럽고 개발제한지역으로 묶여 그동안은 단점이 컸던 게 사실이다. 그러나 서울사람의 기호가 차츰 바뀌기 시작했다. 이제 최첨단 초고층 아파트에 슬슬 싫증이 나는가 보다. 좁고 낮고 오래되고 소박한 집을 선호하는 사람들이 늘어나기 시작했다.

누추하고 촌스럽다고 외면하던 곳의 가치를 재발견한다는 것인데 유감스럽게도 이건 자생적이라기보다 유럽의 옛 도시에 머물던 사람들이 그쪽 나라의 오래된 골목과 집들의 미학을 거꾸로 배워왔기 때문인 것 같다. 그래서 통의동과 체부동과 부암동의 허름한 골목 안길의 불편한 집을 사랑하는 이들의 이력을 보면 대개 해외파가 많다.

아무튼 그건 좋은 일이다. 낡고 해묵은 것의 아름다움을 들여다볼 줄

아는 사람이 많아져야 세상이 경박해지지 않는다. 팔판동도 그런 동네 중 하나다. 자그만 뜰을 가진 골목 안 집을 선호하는 사람들이 몰려들어 팔판동은 이제 작은 카페와 갤러리가 정답게 이마를 맞댄 문화거리로 변신했다.

2004년 프랑스에서 조각 작업을 하며 귀국 준비 중이던 박상희 씨. 그는 한국에 있는 친구로부터 전화 한 통을 받았다. 경복궁 근처에 꽤 괜찮은 집이 매물로 나왔다는 정보였다. 평소 안목을 신뢰하는 친구였기에 집을 보지도 않고 파리에서 돈을 보내 대신 계약해달라고 했다.

파리에서 돌아오자마자 그는 팔판동 판서길 이 골목 안으로 달려왔다. 차가 들어오지 못하는 좁은 골목, 대지 32평, 별 특색 없는 2층 슬래브 지붕, 지은 지 이미 20년이 훨씬 넘은 붉은 벽돌집. 집은 한창 막바지 수리 중이었다. 옥상에 올라 주변을 살펴보니 예상보다 훨씬 아름다웠다. 앗! 소리가 나올 만큼이었다.

"옥상에서 동쪽인 북촌 쪽을 바라보니 오래된 기와지붕들이 있는 옛 마을이 마치 파리의 몽마르트 언덕과 흡사했어요."

남으로는 광화문 주변으로 수많은 고층 빌딩과 남산이 보이고, 서로는 인왕산과 경복궁이, 북으로는 북악산이 빙 둘러쳐진 동네였다. 청와대와 총리공관의 키 큰 나무숲이 눈앞에서 일렁거려 공원 안에 들어앉은 듯했다.

박상희에게 이 집을 사라고 권한 친구는 될성부른 집과 동네를 짚어내는 눈을 가진 티벳 박물관 주인이었다. 권유한 김에 집수리와 리모델링까지 맡아줬다. 당장 개조공사에 들어갔고, 맨 처음 손댄 것이 담장과 대문을 허무는 일이었다. 골목 끝에 청와대를 지키는 경비가 진종일 서 있는데 굳이 대문을 걸어 잠글 필요는 없었다. 대문과 담장을 없애니 골목이 뜰로 편입됐다. 그래서 개인의 닫힌 공간이 주변 동네 사람들과 골목을 지나는 이에게도 보여주는 열린 공간이 됐다.

　그 다음에는 마당을 뒤덮은 시멘트를 걷어냈다. 열 평도 되지 않는 뜰인데도 시멘트 일고여덟 트럭을 내다버렸다. 시멘트 아래서 드러난 부드러운 흙에 꽃을 심고 나무를 심었다. 막무가내 심은 게 아니라 까다롭게 골라 심었다.

　실은 6년 전 박상희 씨 댁에 가본 적 있다. 돌거북 같은 석물들과 감나무 같은 식물들이 적절히 어우러지던 그때의 뜰보다 지금이 훨씬 운치가 실렸다. 3년 전에 또 다시 약간 손을 댔기 때문이다. 가장 달라진 건 옥상 위에 새로 뜰이 생긴 것이다.

경이로운 공간이었다. 인왕산은 300년 전 겸재의 〈인왕제색도〉와 별로 달라신 게 없다. 옥상에서 보는 주변 풍경이 아까워 바닥방수를 하고 붉은 벽돌을 쌓아 화단을 만들고 탁자와 의자를 갖다놓았다.

"실제 평수는 스물댓 평 남짓이지만 체감하는 공간은 백 배 이상이죠. 한옥의 정원구성 원리가 차경 아닙니까. 한양의 내사산과 이웃한 궁전의 뜰을 그대로 내 집에 끌어들인 거지요."

30여 평에 불과한 집이 3000평의 정원을 얻는 기적, 그게 바로 경복궁 인근에 사는 기쁨일 것이다. 사방 숲으로 둘러싸인 박상희 전용 조각

공원인 옥상에서는 가끔씩 지인들과 함께하는 파티가 열린다.

"혼자 즐기면 죄받을까 봐 두려워서요."

박상희는 특별한 성장기를 거친 사람이다. 초등학교 때부터 산 너머 무엇이 있는지 궁금해서 견딜 수 없었다. 무작정 집을 나가 떠돌았다. 물론 학교는 가지 않았다. 길과 공원에서 노숙도 하고, 때로는 시골 노인들의 초상화를 그려주면서 숙식을 해결했다. 남들 다 가는 중고등학교를 다니지 않은 채로 만행하듯 전국을 떠돌았다. 집안은 비교적 유복했다. 친형인 사진작가 박상훈한테서 입영통지서를 받고서야 오랜만에 집에 들렀다.

"입대하는 것이 되레 기쁘데요. 나도 이젠 어딘가에 소속되는구나! 라는 안정감이랄까. 비록 학력 미달로 방위소집에 불과했지만 군에 가라고 국가가 불러주는 것이 기쁘고 좋더라고요."

당시에는 말을 잘 하지 않았다. 말더듬이 심해서 입을 열지 못했다. 철저히 혼자인 시절이 예술가로 자라는 토양이 되어주는 운명은 신기하다. 온도, 습도가 적절히 조절된 환경에서 사랑을 충분히 받고 자란 사람은 창조 욕망을 느낄 필요가 없는 걸까. 그는 자신의 말더듬을 스스로 극복한다.

"구강 구조의 문제가 아니라 가벼운 심인성일 뿐임을 스스로 깨달았던 거지요. 그때는 종로3가 쪽에 이상하게 말더듬 학원이 많았어요. 학원에 등록하고 나서야 내 문제가 첫 마디를 못 꺼내는 것일 뿐이란 걸 알았어요."

날마다 신문을 한 시간씩 또박또박 천천히 읽었다. 그 과정을 되풀이하며 1년을 보내자 첫 마디가 툭 튀어나왔다. 첫 마디가 나오기만 하면 다음은 문제도 아니었다.

"그림이야 혼자 늘 그렸지요. 뒤늦게 검정고시로 중학교 졸업자격을 따고나니 이번엔 고등학교에 가고 싶더라고요. 그림을 그리려면 어느 고등학교에 가야 가장 좋은지를 알아봤더니 서울예고라고 해요. 방위 제대 후 서울예고 시험을 봤죠."

교사보다 나이 많은 학생을 받을 수 없다는 이유로 예고 입시에서 떨어졌다. 고교 입시에서 떨어진 '아저씨'를 구경하러 예고 학생들이 빼곡히 몰려 있던 그날, 서울예고 졸업생이 가장 가고 싶어 하는 곳이 서울대 미대란 걸 알았다. 고등학교를 건너뛰고 곧장 서울대로 가도 된다는 것도 그날 알았다. 1년 뒤 대입 검정시험에 합격하고, 엉덩이 살이 짓무를 정도로 지독하게 그림을 그린 후에 서울대 미대 조소과에 입학한다. 그리고 평생 조각 작업을 하면서 살아왔다.

6년 전 프랑스에서 갓 귀국해 연 개인전에선 낡은 시계를 모아 시간에 얽매인 현대인의 얼굴을 만들었다. 그러더니 올해 전시에서는 죽은 예수를 품에 안은 부처 형상을 만들었다. 전혀 낯선 '피에타'였다. 종교의 본질을 묻고 싶었다. 나무에 부처 형상을 조각해 불로 태우기도 하고, 거대한 권투 글러브를 만들어 화랑 안에 굴려두기도 했다.

"절에서든 교회에서든 손을 모으면 마음이 경건해지지요. 기도하던 손에 힘을 주고 주먹을 쥐면 인간은 초식성에서 육식성으로 바뀝니다. 우리 손을 들여다보게 하고 싶었어요."

그에게는 수집벽이 있다. 무엇이든 모은다. 어쩌면 모은다는 행위 자체가 조각의 다른 이름인지도 모르겠다. 모은 것을 적절히 잇고 늘어놓아 새로운 미와 의미를 발견하는 것, 무관심하게 버려진 물건들을 매서운 눈으로 포착해 전혀 다른 시공간을 확보해주는 것, 그가 어려서부터 집을 떠나 길을 나선 것도 그런 대상들을 만나기 위함이었던 듯하다.

박상희 씨 집만치 구경거리가 많은 집을 나는 전에 본 적이 없다. 달리 말하면 그는 집 자체를 조각으로 꾸며낸 사람이다. 1층에서 2층으로 오르는 계단도 예사롭지 않고, 2층 거실에서 옥상정원으로 올라가는 계단은 예상을 깨는 반전과 파격이 있다.

좁은 공간을 이렇듯 다채롭게 변용하는 그의 솜씨는 찬탄할 만하다.

집에 놓인 일상용품들은 대개가 100년은 족히 묵은 것들이다. 그러면서 정갈하고 정교하다.

"중국과 인도 등지로 여행 다니면서 특히 많이 모았죠. 파리에 살 때 벼룩시장을 돌며 사들인 물건도 많고."

벽에 걸린 그림들도 희한하게 내 발걸음을 붙들어 맨다. 거장의 화첩에서 풍길 법한 기운이 있다.

"이건 벨기에 국경 근처에 있는 릴lille이라는 곳, 300년 역사를 가진 유럽 최대의 벼룩시장에서 샀어요. 한때 벼룩시장을 돌아다니는 게 취미였거든요. 원래 정물화가 그려진 액자였는데 그림을 손질하다가 뒤에 또 다른 그림이 있는 걸 봤어요. 때가 묻어 어둡게 변한 풍경을 닦아 냈더니 다른 그림이 나왔어요. 1874년이라는 연도 보이세요? 유대인들이 나치를 피해 달아날 때 귀한 그림을 평범하게 덧칠해 숨추었나죠. 실제로 반 고흐나 르느아르의 그림도 저런 식으로 발견된 적이 있었거든요."

이 집에 쓰인 조명기구는 아래, 위층 합해 19개쯤 된다. 전부 프랑스에서 쓰던 수십 년 이상 된 백열등이다. 형광등의 파리한 빛을 그는 질색한다.

"형광등은 음식빛과 얼굴빛을 다 죽여 버리고 공간을 평면으로 만들어요. 따뜻한 느낌의 백열등을 써야만 공간에 음영이 깃들지요."

흑백으로 만들어진 계단 그 자체가 조각품 같다.
천정에서 내려뜨린 등은 적어도 100년 이상 된 유리제품이다

테이블마다 표정과 종류가 다른 꽃들이 꽂혀 있다.
부엌을 비롯해 실내는 자그만 조각 전시장이다

　아래층은 부엌과 아이들 방, 위층은 거실과 부부침실이다. 벽 모퉁이마다 키가 작거나 크거나 재료가 나무거나 쇠인 조명등이 놓여 있다. 그래서 이 집은 밤의 집이다. 등마다 불이 켜질 때 전혀 다른 풍경을 이루니 밤에 놀러오라고 거듭 권했다.
　모양과 재질과 크기가 다른 테이블들도 구경거리다. 저마다 다른 표정과 언어를 가지고 있다. 거실 서랍장 위에는 동서와 고금을 아우른 조형물들이 모였고, 서가 위엔 가지각색 가족사진이 놓였다. 군에 간 아들과 올해 대학에 입학한 딸과 KBS PD인 아내가 어울린 가족사가 한눈에 환히 보이는 사진이다. 가족을 이루고 사는 지상의 삶이 낙원이고 축복임을 그 가족사진들이 웅변하고 있다.

이곳저곳 자신의 조각품이 놓였기에 가장 맘에 드는 작품 앞에 서보라고 권했더니 〈히잡〉이란 제목의 청동작품 앞에 선다. 천 조각을 얼굴에 뒤집어쓴 여인이다. 이목구비가 전혀 보이지 않는데도 그 중동여인의 아름다움과 비애가 가만히 이쪽으로 전해져온다.

물건이 많아도 박상희 씨 집은 전혀 어지럽지가 않다. 실내 정리의 비결을 묻자 즉답이 탁 튀어나온다.

"진짜 좋은 인테리어는 채우는 것이 아니라 비우는 겁니다. 스님들 방처럼 아무것도 없는 것이 그렇게 편할 수가 없어요. 하지만 우리 생활인들은 그럴 수는 없으니 집 분위기를 어떤 콘셉트로 할 것인지를 먼저 정해야 해요. 꼭 있어야 할 것은 컬러와 이미지가 어울리는 것으로 통일성 있게 배치해야죠. 그러면 물건이 많아도 산만하게 보이지 않고 서로가 친구처럼 편안해져요. 불필요한 것은 과감히 없앨 것, 빛과 조명기구를 잘 활용하고 수납장을 많이 확보하는 것, 그 정도 원칙이면 뭐……."

시인 · 건축가 함성호의

일산 '소소재'

●

계단을 오르내리는 사람은
땅과 하늘을 잇는 우주사쯤 되려나

고래 뱃속을 타고
바람이 넘나드는 곳

●

그 집은 한가운데로 계단이 빙빙 돌고 있었다. 1층에서 4층 옥상까지 뻥 뚫린 공간으로 공기가 위쪽으로 주욱 빨려들어 간다. 그래서 나선형 계단은 흡사 바람개비 같았다. 실제로 바람이 만들어져 계단을 오르는 내 치마가 펄럭펄럭했다. 좀 낯설고 좀 거칠었다. 집주인은 시인 함성호, 설계자는 건축가 함성호! 시인이면서 건축가인 친구가 자신이 살 집을 직접 설계했고 거기에 각종 실험이 진행됐다는 말을 듣고 흥미가 동해 찾아간 길이었다.

그가 조선건축물에 대해 쓴 짧은 글이 여기저기서 눈에 띠었고, '건축과 문학'을 주제로 한 강연에서는 동서와 고금을 꿰뚫으며 시간과 공간에 관한 성찰을 토해놓더란 소문도 들었다. 집의 본질을 오랫동안 고민한 것이 분명한 그 함성호는 자기 집을 어떻게 지었을까. 조선시대 사대부들은 자신의 성리학적 이상을 몸담고 사는 집에다 구현했다. 담양 소쇄원은 그걸 만든 양사헌의 자연관을 고스란히 드러내는 원림이다.

그러나 첫 번째 질문을 함성호는 시니컬하게, 아니 프로페셔널하게 비켜갔다.

"남의 집을 짓다보니 정작 나는 짓고 싶은 집이란 게 없어지던데요. 그저 실험해 볼 생각밖엔! 남의 집으로는 실험할 수가 없잖아요?"

하긴 집이란 게 어디 한두 푼 하는 물건인가. 그러니 함부로 실험할 수도 없고 실패할 수는 더구나 없다.

함성호가 이 집에서 실험한 건 대강 다섯 가지쯤 된다. 첫째가 소리길과 바람길을 만드는 것. 그것이 중심의 나선형 계단이다. 과연 아래쪽 소리가 위쪽으로 잘도 올라왔다. 전원주택이었으면 새소리, 물소리였을 텐데 주택가와 상가가 섞인 지역이라 행상들의 외침소리가 증폭되어 들려오는 게 흠일 뿐. 그 대신 바람의 증폭만은 꽤 성공적이다. 나도 잠깐 앉아본 함성호의 자그만 작업실에선 줄곧 누가 부채질이라도 하듯 바람이 불었다. 따로 선풍기 따위가 필요치 않을 자연대류가 이루어지고 있었다.

둘째가 단열. 일반 단열재의 두께가 30밀리미터씩 돼서 공간을 잡아먹는 것을 막으려고 우주선에 쓰인다는 초경박 0.5밀리미터 알루미늄 단열재를 썼다. 결과는? 실패였다! 단열이 안 되어 겨울이면 벽에서 바람이 숭숭 나온다. 추위를 타는 아내 김소연이 겨울이면 딴 곳으로 피신해야 할 정도로 실내가 춥다. 그러나 이것도 제 집에서 실패해 봐야 남의 집에서 시행착오를 줄일 수 있으니 완전 실패라고는 할 수 없다.

셋째는 노출 콘크리트 위에 찍는 무늬! 건물 외벽은 거푸집을 만들어 콘크리트를 붓고 목재를 붙여 무늬를 찍는 노출콘크리트 기법을 썼다.

그 목재를 무엇으로 쓸지 선택하기 위해 소나무, 나왕, 낙우송을 두루 사용해봤다. 그 결과 가장 아름답고 선명한 결을 가진 놈은 낙우송이란 걸 알게 됐다.

넷째는 문을 없애는 시도. 공간을 가로막지 않고 서로 완전히 터놓고 싶었다. 실내 공기가 한 군데 정체되지 않고 집안 전체로 소통하길 원했다. 이 집 구조는 실험적이라면 실험적이고, 장난스럽다면 장난스럽다. 실내 공간은 가운데 계단을 중심으로 사방으로 빙빙 돌아가며 복도처럼 나있다. 방이 아니라 길이다. 길이 꺾여 넓어지는 귀퉁이 부분이 저절로 침실이 되고 작업실이 됐다.

폭이 너른 쪽 길에는 부엌과 큰방(김소연의 부모님이 쓰신다)이 놓였고, 큰방과 사무실 사이의 북쪽 복도로는 화장실과 옷방을 뒀다. 침실과 사무실은 문 없이 길쭉한 복도로 연결돼 있다. 두 공간은 계절에 따라 역할이 바뀐다. 겨울엔 침실이 남쪽으로, 여름엔 작업실이 남쪽으로(함성호는 전형적인 소호족으로, 집을 건축사무실 EON의 작업실로 쓰고 있다)!

다섯째는 집을 나무처럼 짓고 싶다는 시도였다. 딴은 집의 중심부를 관통하는 텅 빈 공간이 우주 기운이 오르내리는 나무의 물관부 같기도 하다. 계단을 오르내리는 사람은 땅과 하늘을 잇는 우주사宇宙士쯤 되려나.

집짓기 전에 그는 우선 볕 잘 드는 곳에 나무 심을 자리부터 정했다. 나무에게 자리를 내어주느라 정작 건물이 앉을 자리는 울퉁불퉁해졌다.

소소재에서 가장 넓은 공간인 부엌

집과 사무실을 같이 쓰는 함성호가 종일 일하는 곳.
네모난 방에 조금 삐딱하게 책상을 놓았다

1층에서 3층까지 연결된 나선형 계단.
고래 뱃속을 타고 올라가는 듯

긴 복도.
문 없이 복도로만 침실과 작업실이 연결되어 있다

집을 완성하는 것은 나무라고 생각했기에 실내 공간보다 나무 앉을 자리가 중요했다. 그래서 네모반듯한 집을 짓지 못했다. 아니 반듯한 것은 함성호가 지향하는 것이 아니다. 소소재에 직각이 딱 떨어지는 공간은 없다. 그런 건 자연스럽지 않아서 싫다.

"어째서 소소재素昭齋죠?"

"아내 이름에서 흴 소자(素)를 따고, 거기에 비칠 소자(昭) 하나를 더 넣었죠."

집 이름처럼 소소재는 그가 시인인 아내를 위해 지은 집이다. 사랑이 집을 짓는다고 그는 어느 글에다가 썼다.

"부자들은 집을 짓지 않아요. 그 돈으로 다른 돈이 나올 똑똑한 곳에 투자를 하지요. 내 경험으로는 돈을 쌓아두고 집 짓는 사람들은 거의 없어요. 다들 빚내서 짓지요. 엄청난 삶의 비용을 지불할 각오가 돼 있어야 집을 지을 수 있거든요. 다들 누군가를 위해서, 사랑하기 때문에 하는 일이지요."

사실 소소재의 핵심은 3층 살림집이 아니라 1층 어린이도서관이다. 집 지을 당시 아내 김소연은 〈웃는 책〉이란 어린이도서관을 운영 중이었다. 무료로 책을 보거나 빌려가는 곳이었고, 수입이래야 작은 강좌를 통해 얻는 것이 고작이었다.

"어느 날 건물 주인이 〈웃는 책〉의 월세를 200만 원으로 올려달라고 통보했어요. 그때 내가 무심코 내놓은 반응이 사단을 만든 거지요. '아니, 그 돈이면 은행 융자를 내서 집을 짓겠다. 그리고 은행에다 임대료를 내는 게 낫겠다!'"

아내가 그 말에 '혹'했으므로 일은 일사천리로 진행됐다. 가지고 있던 돈 3000만 원에 은행 대출 3억 2000만 원을 받아 일산 마두동에 땅 70평을 샀다. 땅은 마련됐지만 이번에는 건축비가 없었다. 궁리 끝에 전세를 줄 수 있는 다가구 주택이란 해법을 찾아냈다. 1층엔 도서관, 2층엔 원룸 둘·투룸 하나 총 세 가구를 세 줄 수 있게 지으면 건축비를 충당할 수 있을 듯했다. 3층은 식구들이 살 집을 넣고 옥탑에도 방을 두어 작업실로 쓸 수 있게 한다면? 만사해결이었다.

설계에 들어간 지 1년 남짓, 연면적 100평의 소소재가 매력적인 형태를 드러냈다. 소소재는 근본적으로 아이들이 즐겁게 책을 읽도록 만들려고 지은 집이다. 아이들의 상상력을 자극하기 위해 일부러 천정을 높게 해서 다락방도 만들고 반지하 아지트도 만들었다. 평면적인 공간은 사고를 평면적으로 만들고, 레벨이 다른 공간이 사고의 켜를 중층적으로 만든다는 의견에 동의했기 때문이다.

"대지를 보니 길쭉한 게 고래처럼 생겼더라고요. 하나님의 명을 어긴 죄로 고래 뱃속에 삼켜진 요나라는 인물이 있지요? 나선형 계단은 사실

고래의 식도를 염두에 뒀어요. 요나가 회개하고 새로 탄생하는 곳이 거기니까."

총 건축비는 2억 4000만 원 정도.

"집이 생겼지만 빚더미에 앉았어요. 매달 200만 원 넘는 월세를 은행에다 내고 있다니까요. 빛이 많이 들어오게 짓다보니 빚도 많아지더라고요."

그 대신 옥탑에 올라 정발산으로 지는 석양을 감상할 수 있게 됐다. 세상사 공으로 얻는 게 뭐가 있으랴. 제 집 옥상에서 날마다 석양을 바라볼 수 있다는 것은 비용을 치를 만한 가치가 충분하다. 그런데 지금 〈웃는 책〉은 문을 닫고 말았다. 학원에 가기 바쁘고 스마트폰 들여다보기 바쁜 요즘 아이들은 도서관에서 책 읽을 틈이 도무지 없다. 공짜로 빌려 준대도 책 읽으러 오는 아이가 도무지 없다. 유감을 넘어 어장이 무너질 일이다.

"그래서 소소재는 지금 영혼이 빠져 나갔어요."

함성호는 이렇게 말하지만 그럴 리야! 덤덤한 노출콘크리트 외벽을 담쟁이는 열심히 기어올라가고, 자금이 바닥나 나무도 제대로 심지 못했다지만 비워놓은 뜨락엔 토끼풀과 질경이가 저희끼리 맹렬하게 스크럼을 짜고 있는 걸! 풀과 바람과 소리의 생명력으로 가득 차서 소소재는 지금 새롭게 진화 중이고, 머지않아 아이들도 책을 읽으러 돌아올 것이다.

ⓒ권혁재

인도학자 이옥순의

평창동 집

●

달빛이 빈 집안을 가득 채울 때
말로는 설명할 수 없는, 행복이

텅 빈 거실서 찾은
인도 향기

●

　이옥순 선생을 오랫동안 가까이서 봐 왔다. 간혹 수녀원보다 더 정결한 그의 방도 구경 갔다. 그는 나라 안 최고의 인도학자다. 《인도에는 카레가 없다》라는 책을 낸 이후 서양에 의해 규정된 '타자화된' 인도가 아니라 자기네 역사와 문화에 높은 자존심을 가진 사람들이 살고 있는, '현실적인' 인도를 보여주는 글을 꾸준히 써왔다.

　기온이 45도를 웃도는 날이 서너 달씩 이어지는 델리에서 7년간 유학한 그에게선 어쩔 수 없이 인도의 향기 같은 것이 묻어 나온다. 그걸 굳이 말로 표현한다면 긴결함, 소박함 그리고 허위의식 제로 같은 것이다. 집도 그렇다. 나는 이옥순 선생 집에서 놀다올 때마다 우리집에 쌓아 놓은 허접한 물건더미에 민망함과 부끄러움을 감출 수 없다. 우리는 너무 많은 물건에 둘러싸여 산다. 그 물건을 마련하기 위해 또 너무 많은 시간을 허송한다. 먹고 일하고 입고 놀고 자는 일에 과연 이렇게 많은 물건이 필요한가?

　그는 집을 텅 비웠다. 일단 거실에 버텨 놓는 텔레비전을 치웠다. 공식처럼 모셔 두는 소파도 치웠다.

"이사할 때 가재도구들을 '짐'이라고 부르잖아요. 글자 그대로 물건은 짐이거든요. 짐은 사람의 어깨를 무겁고 버겁게 짓누르지요."

10여 년 전 〈중앙일보〉에 '김서령의 가'를 연재하던 당시 찾아갔던 가회동의 옥선관에서도 비슷한 말을 들은 적이 있다. 옥선관 주인 하영휘 선생(하 선생도 이옥순처럼 역사학자였다!)은 "서울사람들 아파트 몇 평 넓히려고 눈물 나게 돈 모으지 않습니까? 평당 천만 원이 넘는 아파트 대여섯 평 넓히는 데 5, 6년은 족히 걸리지 않습니까? 그래 놓고 그 공간에 대형 소파와 대형 텔레비전을 떡 하니 들여와요. 도무지 사람이 모여 앉을 공간이 없어요. 그런 걸 치워 버리니 우리집이 얼마나 넓습니까?"라고 했다.

짐이 없는 공간은 아연 느낌이 달라진다. 공간의 고유성이 살아나서 이옥순의 집에는 이옥순의 냄새가 난다. 공장에서 만든 브랜드의 냄새에 먹히지 않기 때문일 것이다. 그러나 물질범람의 시대에 브랜드에 먹히지 않는 것이 어디 쉬운 일인가.

비결을 캐묻자 그는 "책과 옷과 그릇은 말하자면 총량제를 실시하고 있어요."라고 했다. 책이 한 권 들어오면 한 권은 버리는 식이다. 옷과 그릇도 마찬가지다.

"헌 걸 버리는 것에 포인트가 있는 것이 아니라 새로 사들이는 일을 그만큼 신중하게 한다는 뜻이에요. 애착이 있으니까 쓰던 물건을 버리는 게 쉽지는 않아요. 정든 물건을 버릴 자신이 없으면 새 물건을 사지 말자는 것이지요."

 이런 태도를 갖게 된 까닭이 있다. 인도에서 공부할 때 네루대학 총장의 집에 가보고 깜짝 놀랐다.

 "총장을 지낸 분의 짐이 가방 두 개에 넣을 수 있을 정도로 단촐하데요. 충격받았어요. 간디도 늘 가방 하나에 짐을 모두 넣을 정도로 주변을 정리하고 살았지요. 델리대학 기숙사에 살 때 보면 짐이 가장 많은 학생들은 전부 한국인이었어요. 책도 많고 옷도 많고 가전제품도 많아요. 왠지 부끄러웠어요. 그때부터 그걸 반성했고 짐을 불리지 않으려 했어요. 물론 누구나 나처럼 살아야 한다고 말하는 건 아니에요."

 그래서 그의 집엔 오래된 물건이 꽤 있다. 대개 인도에서 그를 따라온 것인데 일일이 손으로 만든 인도산 공예품이다. 인도가 이렇게 정교하고 섬세한 공예품을 만드는 나라라는 것을 나는 이옥순 선생의 살림을 구경하면서 새삼 배웠다. 금과 후추와 모슬린이 탐나서 영국은 인도를 식민지로 삼았다던가. 과연 인도인이 짠 얇디얇은 섬유는 현실의 옷감 같지가 않다. 벵골지방 특산물인 모슬린은 하도 얇아 여러 겹 겹쳐 입어도 속살이 투병하게 비쳐 보인다.

 "주로 무굴 시대의 왕실이나 귀족 여인들이 모슬린을 걸쳤어요. 영국인의 눈에는 얼마나 섹시했겠어요. 인도 여인들은 유혹하기 위해서가

와를리 부족들이 자신의 일상생활을 새겨서 천 위에 찍은 민화.
원래 침대 커버였으나 이 집에선 부엌 벽을 장식한다

인도 전통 공예품들.
자코메티의 조각 같다

아니라 옷 속에 찬 장신구를 은근히 자랑하기 위해서 얇은 옷이 필요했던 것인데……."

부엌 벽에 붙여 놓은 모던하고 심플한 그림은 오래된 와를리 민화다.

"인도 중부 와를리 부족들은 수백 년 전부터 자신의 일상을 그려왔어요. 그걸 판화처럼 천 위에 찍은 겁니다. 인도에는 지역마다 부족마다 수천 년 전승되는 공예품이 있어요. 사막지역에선 거울공예를, 히말라야 산림지역에선 목공예를, 캐시미르 지방에선 캐시미어를 만드는 식이지요. 천의 얼굴, 아니 억의 얼굴을 한 나라가 바로 인도거든요."

그가 가장 아끼는 인도 물건은 통나무를 파서 채색한 '학문과 지혜의 여신인 사라스와티 여신상'이다. 글이 막힐 때 그는 이 여신상 앞에 서서 혼자 중얼거리곤 한다. "여신이여. 이옥순에게 지혜를 주세요."라고.

인도를 신비한 나라, 시간이 멈춘 듯한 나라, 깨달음이 발에 툭툭 차이는 나라라고 말하는 사람들의 생각을 그는 '영국인이 유포한 이미지'에 속은 것이라고 꼬집는다.

"그건 서양인이 상상하고 날조한 동양일 뿐이에요. 우리 영토의 17배가 넘는 너른 땅에 12억 인구가 모여 사는 인도에 어떻게 시간이 멈출 수가 있겠어요. 먹고 먹히느냐가 동물 세계의 규칙이듯 규정하느냐 규정되느냐는 인간 세계의 규칙이에요. 그래서 힘센 서양이 힘없는 동양을 자기 맘대로 정의하고 규정해 놓은 것이 바로 '시간이 멈춘 신비한

인도'입니다. 베일을 쓴 신비한 인도 여성은 수동적이고 연약하여 남성적이고 강인한 영국의 정복을 기다리고 있지요. 그 이미지가 바로 오리엔탈리즘이에요. 열등한 동양이 우월한 서양의 정체성을 확인하기 위한 타자로서 필요해진 겁니다. 이런 전략과 담론은 우수한 백색 피부의 영국인이 뒤처진 갈색 피부의 인도인을 지배하고 가르쳐서 문명세계로 인도해야 한다는 제국주의 논리가 됐지요."

그의 집은 평창동 산꼭대기쯤에 있다. 눈앞에 북악산 팔각정이 마주 보이는 높이다. 앞엔 북악산, 동과 북은 북한산, 서는 인왕산이 병풍처럼 둘러쳐진 것은 그렇다 치고 가로막는 것이 없어서 해와 달이 집안 깊숙이까지 무시로 들락거린다.

"일출과 일몰을 거실과 침실, 공부방에서 날마다 내다볼 수 있는 집입니다. 한 달에 20일 넘게 달을 볼 수 있고요. 달빛이 빈 집 안을 가득 채울 때 느끼는 행복감은 말로는 설명할 수 없지요. 광화문에서 10분 거리지만 집 안에 꿩, 까치, 다람쥐가 심심찮게 들락거려요. 지은 지 20년이 넘어 군데군데 낡았지만 자연과 교감하는 것이 좋아 이 집을 떠날 수가 없어요."

서울은 이제 웬만한 산동네조차도 아파트로 뒤덮였다. 호젓한 단독주택이 정답게 담을 끼고 들어선 마을은 거의 찾아볼 수 없게 됐다. 사는 집이 깃들어 사는 사람의 세계관을 '규정한다'.

오리엔탈리즘 논리대로라면 우리는 삶의 권리를 일정부분 집에다 양도한 셈이다. 새 울음에 아침잠이 깨고, 뜰에 감꽃이 떨어지고, 초여름에 앵두가 익고, 창으로 인동꽃 향이 스며드는 단독주택에서 사는 것과 고층 아파트의 잘 관리된 냉난방 시스템 속에서 잠을 깨는 것은 인생을 감각하는 방식이 달라도 한참 달라질 수밖에 없다. 겨울에 눈이 오면 큰 도로에서 엉금엉금 기어오르는 불편을 감수하면서도 이옥순이 낡은 평창동 집을 떠나지 못하는 까닭이 바로 거기 있다.

낡은 집을 그는 자기만의 방식으로 수선, 보완할 줄 안다. 한지를 이용해서 오래된 갈색 굽도리와 어두운 섀시를 흰빛으로 바꿨더니 집안이 환해졌다. 심지어 부엌 싱크대까지 한지를 붙여 은은한 빛으로 감쌌다.

"한지가 아주 질기고 물에도 강해요. 한지 몇 장만 사면 간단하게 분위기를 바꿀 수 있지요."

꽃을 잘 키우는 것도 그의 장기 중 하나다. 이옥순의 집엔 무엇이든 꽂아두기만 하면 싹을 틔우고, 음지식물의 이파리도 기름 바른 듯 광택이 난다. 방 하나는 앞에 나팔꽃을 심어 아예 나팔꽃 커튼을 만들어 두고 즐긴다.

"아침마다 새로운 꽃이 열 송이씩 툭툭 터지는 재미를 어떻게 설명하지요?"

인도 여성들이 일일이 손으로 바느질해서 만든 수예품들.
낡은 문짝을 가려 독특한 분위기로 만들었다

'타골은 시인일 뿐 아니라 빼어난 화가예요.'
여기저기 타골의 그림이 붙어 있다

북악산이 한눈에 들어오는 침실.
침대 말고는 방 전체를 텅 비웠다

빛이 적게 드는 북쪽 방은
촛불과 꼬마 등불을 켜고 명상실로 쓴다

소파 하나와 화분 하나만 들인 방.
여기 있어 이옥순은 날마다 앞산을 내다본다

화초 키우는 데 특별한 재능을 가진 이옥순이
날마다 매만지는 화분들

누군들 그렇지 않을까마는 그에게 집은 천국이다. 학교(그는 연세대 연구교수다)에 갈 때 외엔 늘 집에 있다. 공부하고 글 쓰는 게 직업이니 집은 창조와 휴식이 동시에 이뤄지는 공간이다. 그 공간을 사랑해야 공간도 자기를 사랑해준다는 것을 믿고 있다.

"물건이 많으면 내가 통제할 수 없게 되거든요. 물건을 최소화해야 공간이 최대한으로 늘어나지 않겠어요? 금이나 은으로 그릇을 만들어도 인간이 사용하는 것은 빈 공간이듯!"

인도 역사를 연구하는 그가 노자를 말하는가. 그렇다! 내가 이옥순의 집에서 발견한 향기는 짧게 말해 노자다운 것이다. 집안 군데군데 물을 담아두는 것도 같은 이치다. 처음에는 습도 조절용이라더니 결국엔 물을 들여다보면 담담하고 고요해져서, 라고 실토한다. 흰빛을 특별히 애착하는 것도 비슷한 이유 같다.

아무것도 들여놓지 않고 너른 방 가운데 흰 침대보를 깐 침대만 덩그렇게 놓은 안방은 더더욱 가관이다. 일상을 번거롭게 사는 사람들은 아마도 이런 담담함을 견디기 어려울지도 모른다. 현대인은 어쩌면 점점 더 담담함 혹은 고요를 참지 못하게 된 것 같다는 의심을 지울 길 없다. 그래서 평창동 산꼭대기, 발아래 하계를 내려다보면서 텅 비워둔 이옥순의 집이 내게는 유독 귀하고 소중하다.

● 덧붙임

실은 나는 이옥순 선생 집 바로 위층에 살고 있다. 이옥순보다 2미터쯤 더 높은 곳에서 하계를 내려다본다. 심심하면 한 층 내려가서 이옥순 선생에게 짜이를 한 잔만 마시게 해달라고 조른다. 인도에서 가져온 홍차에 우유와 카다몸이란 향신료를 조금 넣고 팔팔 끓인 차를 마시고 나면 족히 다섯 시간은 몸 전체에서 '신비한' 향기가 난다. 앗, 신비란 단어를 함부로 쓰면 위험하다는 걸 안다. 그렇지만 적절한 말을 찾지 못할 때 이만큼 적절한 단어도 잘 없다.

ⓒ권혁재

국어선생 송승훈의

남양주 '잔서완석루'

군더더기와 허세가 전혀 없어
사람의 마음을 활짝 열리게 만드는 곳

낡은 책이 있는
거친 돌집

●

 '잔서완석루' 구경은 내게 감동이었다. 남의 집 구경이 그저 방의 개수와 평면, 지붕 재료, 부엌 구조 따위를 보는 것이 아님은 알았지만, 잔서완석루에서처럼 진지하고 뜨거운 현장을 목격하기란 쉬운 일이 아니다.
 집을 짓게 되었을 때 집주인 송승훈은 최근 10여 년간 출판된 건축 잡지를 모조리 훑었다. 건축 관련 책을 수십 권 사서 읽었다.
 "책값만 아마 수백만 원 들어갔을 겁니다. 그래도 시행착오를 줄이려면 책이 가장 싸게 먹히지 않겠어요?"
 그렇게 숱한 건축가와 그들이 지은 집을 샅샅이 살핀 뒤 마침내 낙점한 건축가가 바로 이일훈이었다. 그때부터 건축주와 건축가는 이메일을 주고받는다. 집 짓기 전 무려 2년 동안! 나는 지금 막 그 두 사람 사이에 오고간 원고지 1600매 분량의 이메일을 다 읽었다. 원래는 띄엄띄엄 읽을 작정이었으나 읽는 중에 재미가 생겨 건너뛸 수가 없었다. 벅찼다! 이건 문학이고 또 철학이다! 건축가와 집주인이 속 깊은 가족사와 숨겨진 상처까지 내보이며 거의 연애편지 수준의 섬세한 교감을 나누고 있질 않나(그 메일더미들은 나중에 《제가 살고 싶은 집은》이란 책으로 출판됐다).

자기가 살 집을 짓는다는 것은 제 삶의 의미와 방향을 구체적으로 점검하기다. 집을 짓는다는 것은 '어떻게 살 것인지' 삶의 방식을 결정하는 문제다. 피상적으로 생각하듯 하얀 집이니 둥근 지붕이니 하는 '형태'나, 흙집이니 벽돌집이니 하는 '재료'의 문제가 아니라는 것이다.

집은 한두 푼으로 짓는 일이 아니다. 필생의 작업을 앞에 두고 정면승부를 해봐야 자신이 어떤 사람이며 진정으로 원하는 게 무엇인지를 제대로 파악할 수 있다. 남이 보면 사소하고 일반적인 것이 자신에게는 중요하고 특별하게 작용하는 것이 바로 집짓기다(라고 이일훈 선생은 말했다). 그래서 인생 공부를 위해서라도 제 평생에 한 번쯤 집을 지어볼 필요가 있다고 나는 생각한다. 그러나 그게 어디 쉬운 일일까.

송승훈 선생은 본디 제 인생에 확고한 잣대와 지남이 있는 사람이다. 그는 집에서 3분 거리에 있는 남양주 진전읍 장현리 광동고등학교의 국어선생이다. 그는 특별한 교사고, 그의 수업은 '꿈꾸는 수업'이다. 대한민국 고등학생들이 모두 이런 교사에게 국어수업을 받을 수 있다면 미래 한국의 모습은 아마도 조금쯤 달라질 것이다.

학생들은 국어시간에 제 마음에 드는 책을 골라 읽고, 그 책과 관련한 인물을 직접 인터뷰한 후 보고서를 써서 나눠 읽는다. 막연한 독서가 아니고 허튼 글쓰기가 아니다. 그런 방식으로 아이들이 인생을 꿈꾸고 사회를 전망하도록 이끌면서 송승훈 선생은 국어교사들이 책읽기와 글쓰

기와 말하기를 더 잘 가르칠 수 있는 방식을 고민하는 교사모임도 만들었다.

책을 읽고 글을 쓴다는 것이 무엇인가. 제 인생을 들여다보는 일이다. 남과 나와의 관계를 응시하고 세상과 내가 어떻게 어울려서 살아야 하는지를 성찰하는 것이다. 책을 읽거나 글을 쓰는 것보다 더 적극적이고 구체적인 방법은 제 손으로 직접 자신이 살 집을 지어보는 일일지도 모른다.

그러나 요즘 사람들은 도무지 제 손으로 집을 지을 수 없다. 아이들에게는 더더욱 언감생심이다. 그렇지만 꿈꿀 수는 있다. 모델하우스를 보고 난 뒤 돈으로 사는 아파트 말고 자신이 살고 싶은 '집'을 구체적으로 생각하기, 그것은 청소년기에 절실히 필요한 공부이고 일생을 관통하는 경험이 될 것이다. 그런데 잔서완석루는 바로 그것이 이뤄지는 집이다. 아이들은 이 집에 와보고 제가 살 집을 계획하고 고민한다. 아마도 난생 처음으로!

내가 집보다 먼저 접한 것은 블로그에 올린 송승훈 선생의 글이었다. 송 선생의 글은 군더더기와 허세가 전혀 없다. 문장이 깨끗해서 읽는 사람을 청량하게 만든다. 그의 음성과 말하는 방식도 글과 크게 다를 바 없다. 굉장히 독특한 억양으로 당신의 의견에 적극 찬동하며 나는 당신에게 마음을 활짝 열어 놓고 있다는 것을 짧은 음절 안에 환하게 담아 "네~"라고 대답한다.

그런데 그의 집인 잔서완석루가 바로 그랬다. 군더더기와 허세가 전혀 없어 들어서는 사람의 마음을 활짝 열리게 만드는 집이다. 과잉 편리하지도 과잉 화려하지도 과잉 정갈하지도 않았다. 그저 담담하고 편안한 공간이 여기저기 펼쳐졌다.

잔서완석루는 '책의 집'이다. 책이 많아서도 그렇고 주된 관심이 책이기 때문에도 그렇다. 송 선생은 자기 집이 책 읽는 사람들이 모여들어 공부하고 토론하고 뒹구는 집이 되길 원했다. 자기 집을 지을 건축가로 이일훈을 선택한 뒤 송승훈은 이런 이메일을 보냈다. 아니 이일훈 선생이 먼저 집주인에게 어떤 집을 짓고 싶은지를 글로 써보라고 권유했다. 나는 지금 여기다 그들의 이메일을 베껴 쓰고 싶은 유혹을 견딜 수가 없다.

바람이 잘 통하는 집이면 좋겠습니다. …… 집 분위기는 이웃에 위세 부리지 않고 주변을 비웃지 않았으면 좋겠습니다. …… 마당은 친구들이 오면 철망에 고기를 구워 먹고 주저앉아 이야기를 나누는 곳이면 좋겠습니다. 무덤처럼 떼를 입혀 장식으로 쓰고 싶지 않습니다. 귀티가 나면 가까이 하기 어렵고, 늘 손을 봐줘야 하면 편치가 않습니다. …… 어떤 방은 바닥에 앉아 방바닥에 손을 짚고 밖을 내다보고, 어떤 방은 의자에 앉아서 책상에 팔뚝을 대고 바깥 풍경을 보고, 창마다 내다보는 방향이 약간씩 달라서 보이는 풍경이 여러 가지이면 좋겠습니다. …… 구름배 같은 집이면 좋겠습니다. 구름이 부드럽게 감싸 안고 공기 잘 통하는 하늘로 두둥실 띄워가듯 편안한 방이길 꿈꿉니다. …… 욕실은 사치를 부리고 싶은 곳입니다. 누워서 쉬는 자리가 있고 거기서 잠깐 책도 읽으면 좋겠습니다. …… 서재는 자연빛에 기대어 책을 좀 더 오래 볼 수 있기를 바랍니다. 책상은 가로로 길어서 여러 자료를 올려놓을 수 있어야 편합니다. 제 살림살이의 큰 부분이 책입니다. 사오천 권을 넣을 수 있으면 좋겠고, 그게 안 되면 집의 균형을 깨지 않는 범위 안에서 책을 넣을 자리를 다양한 방법으로 마련하면 좋겠습니다. …… 대문은 어깨에 힘 딱 주고 버티는 모양이 아니면 좋겠습니다. …… 찾아오는 사람과 막걸리 한 잔 마실 수 있는 툇마루가 있기를 바랍니다. 바람이 불고 공기가 통하는 자리에 있으면 제 몸이 살아납니다. 옥상과 베란다에 의자를 놓고 책 읽고 차 마시고 공부하기를 좋아합니다. …… 어머니가 중풍이셔서 한쪽 팔과 다리를 움직이지 못하십니다. 계단에는 손잡이가 있어야 어머니가 두려움 없이 오르실 수 있습니다. 손잡이는 치장이 화려하지 않고 없거나 소박하면 좋겠습니다.

아아, 일일이 어떻게 이것을 기록하랴. 그러나 송승훈은 침착하고 온화하고 해맑게 그 모든 것을 하나씩 정교하게 기록했다. 이일훈은 여기 뜨겁게 화답한다.

공간 스스로는 아무것도 표현하지 않습니다. 사용 목적, 입체적 크기, 시간, 빛, 재료 등이 연관되어야 공간은 특정 의지를 드러냅니다. …… 송 선생님의 집(공간)에 대한 생각을 접해보니, 집의 주제는 '사람과 책'입니다. 송 선생님이 책을 사랑하시니 시작을 책으로 하겠습니다. 책에서 독서로 서재로 동아리로!. …… 세상의 모든 디자인은 예산, 제작비로부터 자유롭지 못합니다. 디자인의 목적이 무얼 만드는 데 있지 않고 쓰임에 있는 이상 쓰임과 효율에 바쳐지지 않는 예산은 아깝습니다. …… 송 선

1층에서 2층 '책의 길'로 올라가는 계단.
2층 복도에서 내려다 본 계단.
아래층 거실에서 바라본 계단

생님이 재료나 형태가 아니라 '공간'을 보시는 같아서 얼마나 좋은지요. 재료에서 형태로 형태에서 공간으로 공간에서 의미로, 그 자유로운 유영을 기대합니다. …… 집을 짓게 되면 마치 바둑을 처음 배울 때 누우면 천정이 바둑판이요 밥상의 간장 종지가 검은 돌로 보이는 것처럼 온통 집 생각뿐입니다. 1층에 살림 공간, 2층에 서재 공간을 배치합니다. 그 사이가 '책의 길'로 연결됩니다. 글로 표현되지 않는 재미있는 길입니다. 사실 저 혼자서 '산책散冊'이라고 불러봅니다. 주인이 산책하듯 걸어가는 긴 길, 그 길 따라 책들도 산책합니다. …… 집의 가장 끝에 가장 중요하고 의미 있고 발길이 가장 많이 닿고 가장 몰두하고 가장 오래 머무는 공간을 두려 합니다. 건축이란 대지에 내리는 축복이라는 말을 한 사람이 루이스 칸이던가요. 건축물이 들어서기 전보다 땅이 더 좋아할 건축을 해야 한다는 무서운 말이지요. …… 장헌집의 주방을 모눈중이에 그려보니 어떠신지요? 그렇게 하면 치수 개념이 객관화되는 경험을 하게 되지요. 수치로서 객관화돼야 주방의 배치나 넓이 위치 등의 의사소통에 오해가 없어요. …… 재료 선택과 공간 디테일은 두고두고 더 궁리해야 합니다. 경제성, 재료 수명, 가공기술의 현실성. …… 그러나 저는 아무 제약 없는 프로젝트보다 이런 저런 제약이 따르는 일이 오히려 맛이 있다고 생각합니다. …… 삼베옷 장판은 질감 촉감 다 좋으나 아직 사용의 데이터가 없는 것이 현실입니다. …… 사람마다 가정마다 다 같아보여도 같은 게 없어요. 생일날 미역국을 먹으면 어머님의 깊은 회한과 아픔이 떠올라요. 미역국을 먹으면 가슴이 메어져요. …… 공간은 결국 사연이고 기억이 아닐지요. 다시 찾는 장소는 기억을 따라 몸이 옮겨간 것이고요. 송 선생의 아픈 기억들이 앞으로 세상살이에 깊은 지혜로 있되 스스로의 장애가 아니기를 바래요. 상처란 나아서 회복된 흔적인데 인생 전체로 보면 마치 성장통 같은 거지요. 가장 확실해 보이는 것들이 가장 불안한 법입니다. 사랑이 그중 하나겠지요. 인간은 믿는 것으로부터 불안을 느끼는 존재인지도 모릅니다.

끝부분은 송승훈이 깨져버린 첫사랑에 관해 얘기했을 때 건축가가 건넨 위로의 메시지다. 이런 메일을 2년에 걸쳐 주고받으며 그들은 서로를 깨우쳐 주고 힘을 얻고 질문하고 상의하면서 정신의 함량을 키워 나갔다.

지금 송승훈 선생은 국어선생으로서 말고 건축에 관한 강의 요청도 심심찮게 받고 있다. 할 말이 그만큼 많기도 하다. 그걸 요약하면 첫째, 재료보다 공간을 먼저 고민하라. 둘째, 큰 통창 대신 맞창을 내라. 셋째, 데크보다 툇마루를 만들어라. 넷째, 시공사보다 먼저 건축가를 찾아라. 다섯째, 눈으로 보기 좋은 집과 몸으로 살기 좋은 집을 구분하라! 같은 말이다. 그걸 예의 환하고 상냥한 음성으로 전한다.

'잔서완석루殘書頑石樓'는 '낡은 책이 있는 거친 돌집'이란 의미다. 삶은 신비하다. 보이지 않는 손길이 우리 손을 잡아끌어 원하는 곳에 당도하는 일이 드물지 않다. 누마루 같은 서재를 짓고 난 뒤 송승훈은 골동상을 지나가다 우연히 〈잔서완석루〉란 현판을 발견한다. 집은 남아 있지 않고 글씨로만 남은 추사의 유명한 당호인데 그걸 손질해서 대문 위에 걸었다. 원래 추사의 '잔서완석루'는 나무로 지어 기와 이은 한옥이었겠지만, 21세기 '잔서완석루'는 시멘트로 지은 한옥이다.

그 대문 위에 걸린 현판은 제자리가 딱 들어맞았다. 송승훈도 처음엔 당연히 나무와 흙으로 짓는 한옥을 염두에 뒀다. 그러나 이일훈이 쓴 책 《모형 속을 걷다》를 읽으면서 새롭게 눈을 뜬다.

"건축에서 전통 계승의 핵심은 외양을 흉내 내는 데 있지 않고, 삶의 방식에 영향을 미치는 공간에 있다는 내용이었어요. 그걸 읽고 머리가 꽈꽈꽝 했죠."

건축가 이일훈은 전통 문법을 계승한 채나눔 건축을 한다. 채나눔이란 방과 방이 멀찍이 떨어져 있는 구조다. 방이 서로 겹치지 않는 홑집 형태라 맞창을 낼 수 있고, 문만 열면 바로 바깥으로 나갈 수 있다. 실내에서만 살지 않고 집 안이면서 바깥공기를 쐬는 공간이 있다. 잔디를 입히지 않는 맨 흙바닥인 마당이 있어서 식구들이 마루와 마당을 왔다 갔다 하면서 일할 수 있다. 즉 툇마루 같은 실내와 실외를 완충하는 공간을 반드

2층 방에서 걸어 나올 수 있는 중정.
이 집엔 사용 목적이 다른 자그만 옥상이 다섯 쯤 있다

실내와 실외를 이어주는 툇마루.
마당에서 일하다 말고 신발 벗지 않고 드러눕기에 좋다.
동서남북 돌아가며 툇마루가 있는 것이 이 집의 특징

시 둔다. 창마다 처마가 나 있어서 수직으로 내리쬐는 여름 햇빛은 차단하고, 낮게 비치는 겨울 햇볕은 집 안으로 깊게 받아들인다. 재료나 형태가 뭐가 됐던 이런 공간을 가지는 것이 한옥의 본질이라는 것이다.

외벽은 시멘트로 울퉁불퉁하게 마무리되었다. 나무 무늬가 찍힌 노출 콘크리트와 다양하게 구워낸 시멘트 벽돌을 섞어서 썼다. 송승훈이 건축가 이일훈을 주목한 첫째 이유가 바로 이 '울퉁불퉁함'이었다.

"매끄러운 것은 보기엔 좋을지 몰라도 사람을 편치 않게 만들어요. 이일훈 선생의 집이 미장면도 거칠고 녹물도 흐르고 해서 좀 꾸리꾸리하더라고요. 거칠고 울퉁불퉁한 모습이 묘하게 사람을 위로해줘요. 거친 벽은 지루하지 않을 거고, 세월에 덜 누추해지고 시골 동네에 위화감을 주지 않을 듯해서 맘에 들더라고요."

잔서완석루에는 툇마루만 넷이 있다. 마당에서 일하다 다리는 햇살에 드러내고 머리는 그늘에 두고 누워 있기 딱 좋다. 앞마당은 잔디를 심지 않았다. 그냥 텃밭으로 남겨둬 별의별 남새를 심는다. 뇌출혈로 몸 한쪽이 불편하신 어머니가 거기서 일하며 놀랄 만치 건강을 회복했다. 우리가 가던 날도 어머니는 소쿠리에 듬뿍 싱그러운 냉이를 캐고 계셨다.

'시멘트로 지은 한옥'이란 게 무슨 뜻인지를 잔서완석루에 들어서면 몸으로 느낄 수 있다. 그건 이일훈의 설계방법론인 '채나눔' 덕분이다. 아래층은 거실이고, 거실의 한 벽은 위가 트인 서재다. 이곳은 2층으로 올라가는 계단이기도 하다. 거기서부터 책의 길이 시작된다. 집의 동서를 가로지르며 비스듬한 경사를 이룬 복도가 '책의 길'이다. 양쪽으로 서가를 짜 넣어 오가면서 맘에 드는 책을 골라잡을 수 있게 했다. 햇볕을 가려 어둑한데다 덜렁 들린 누마루에 알맞게 경사가 져 그대로 누워서 책읽기에 그만이다.

복도에서 모서리를 꺾어 돌면 이제 본격적인 서재가 나온다. 위는 돔형으로 검은 벽돌이 천체처럼 덮였고, 양 벽면 가득 책이 꽂혔다. 이곳은 책이 워낙 많아 개인 서재라기보다 공공도서관 분위기다. 책읽기를 원하는 학생과 선생님들에게 개방하기 위한 목적도 있다니 공공도서관 같대서 이상할 건 없다.

집 내부는 달팽이처럼 나선형으로 휘돈다. 서재를 지나 직각으로 돌아가면 집주인의 방이다. 이 집에서 가장 깊숙한 지점이다. 맞은편으로 방금 지나온 책의 길인 복도가 보이고, 안마당 위로는 사각 하늘이 뚫려 있다. 자그만 앞뜰에는 송승훈이 특별히 골라온 마가목이 심어져 있다.

"이 방은 누워봐야 해요."

송 선생이 먼저 눕고 우리 일행도 즐비하게 그 곁에 눕는다.

"이 방에 누우면 잠이 아주 잘 와요. 여긴 침실이라 머리맡과 발치에 황토를 듬뿍 넣었거든요. 집 구경은 백문百聞이 불여일견不如一見이고, 백견百見이 불여일숙不如一宿이지요."

깊은 방 한 켠으로 뚫린 문을 나서면 1층 거실과 아래위로 맞뚫린 2층 거실이 나온다. 역시 한쪽 면은 서가와 책상이다. 아래층 거실부터 따지면 여기는 네 번째 서재가 된다.

이 방 뒷문을 열고 나서면 옥상인데 옥상도 하나가 아니라 다섯쯤 된다. 방향과 높이에 따라 기능은 제각각이다. 비올 때 노트북 콘센트를 꽂아두고 영화 볼 수 있는 곳도 있고, 샤워 후 맨몸으로 대기를 쐴 수 있는 곳도 있고, 햇볕을 듬뿍 받으며 낮잠 자기 좋은 곳도 있다.

짧은 지면에 잔서완석루의 매력을 어찌 다 말하랴. 한 가지 빠뜨릴 수 없는 선_ㄴ가 몇 해 진 진국국어교사 모임의 후배와 혼인했다는 소식이다. 그러니까 송승훈은 그보다 더 몇 해 전인 총각시절에 이미 대지 300평에 아래층 30평, 위층 27평의 집을 지을 수 있었던 몹시도 운 좋은 사람이었다.

그 운을 혼자 차지하지 않기 위해 잔서완석루는 공부하는 이들에게 늘 활짝 열려 있다. 책이나 집짓기에 관해 송승훈 선생과 나눌 말이 있다면 누구든 잔서완석루를 방문할 수 있다. 그의 블로그(http://blog.naver.com/wintertree91)를 찾아가 안부 게시판에 글을 남기기만 하면 된다.

띵굴마님 이혜선의

남양주 '그곳에 그집'

●

아아, 서랍마다 정갈하고 향긋하고 고요하기가
무슨 선방 같고 꽃다발 같고 눈 내린 아침 같아

"난
살림이 좋아요"

●

　　띠리링 전화를 했다. "거기가 땅굴마님 집이지요?" "호호호 까르륵 우하핫! 땅굴이 아니라 띵굴인데요?" 하루 2만 명이 접속하고 신이 나면 댓글 1000개가 좌르륵 쏟아지는 블로그 '그곳에 그집' 띵굴마님은 일단 그렇게 웃어 젖혔다. 그 웃음소리에 내 안에 머뭇대던 낯섦과 머쓱함 등속이 마파람에 게 눈 감추듯 사라졌다.
　　남양주 진접읍에 위치한 띵굴마님 집. 들어서면서 나는 일단 '항의'부터 했다. "아니 이렇게 신출귀몰한 살림 솜씨를 가졌으면서 언제 띵굴거릴 시간이 있다고 닉네임이 띵굴마님이에요?" 다시 호호호 까르륵 우하핫! "띵굴거린다는 게 아니라 얼굴이 둥그렇다고 남편이 붙여준 별명인데요?" 귀신도 울고 갈 살림 솜씨가 띵굴마님의 장기지만 이렇게 웃어 젖히는 것 또한 그의 특기다.
　　실제 오프라인으로 만난 띵굴마님 '이혜선'은 키 크고 손 크고 웃음 크고 마음도 커서 넉넉하고 털털하고 화끈했다. 우리 점심으로 말린 나물만 일고여덟 가지를 무쳐 놓았고, 창가에는 가지, 둥굴레, 호박, 찻잎, 연밥, 붉고 흰 천일홍을 채반에 그득 널어 놓았다. 작업실에는 바느질거

리가 담긴 바구니들이 가지런하고, 베란다 정원에는 당장 음식에 띄워 넣을 수 있는 허브들이 오밀조밀 자란다.

그러나 땅굴마님의 진정한 살림 솜씨는 정리정돈에 있다. 나는 땅굴마님 감독 아래 그의 서랍을 이곳저곳 열어봤다. 아아, 서랍마다 정갈하고 향긋하고 고요하기가 무슨 선방 같고 꽃다발 같고 눈 내린 아침 같다. 그의 수납 솜씨는 일목요연하고 일사불란하기가 가히 신의 솜씨다.

내가 블로그에서 처음 보고 혀를 내두른 건 땅굴마님의 냉장고 속이다. 이건 말로는 설명이 불가능하고 사진을 봐야 한다. 원칙은 한 가지다. '같은 종류, 같은 소재끼리 늘어 놓으면 도구도 장식품이 되고, 음식물도 꽃이 된다!' 냉장고 속 식품들은 절로 주인의 손에 착착 달라붙게 수납돼 있다.

티셔츠, 바지, 치마, 스타킹, 속옷, 외투, 이불, 책, 접시, 공기, 수저와 포크(땅굴마님은 이걸 커트러리라고 내가 써본 적이 없는 낯선 용어로 부른다), 국자, 도마, 쟁반, 행주, 곡식, 양념, 화장품, 신발, 우산, 바느질 도구 들이

위는 냉장실 안, 아래는 냉동실 안.
이렇게 분류해두면 무 한 토막도 버리지 않고
알뜰히 챙겨 먹을 수 있다

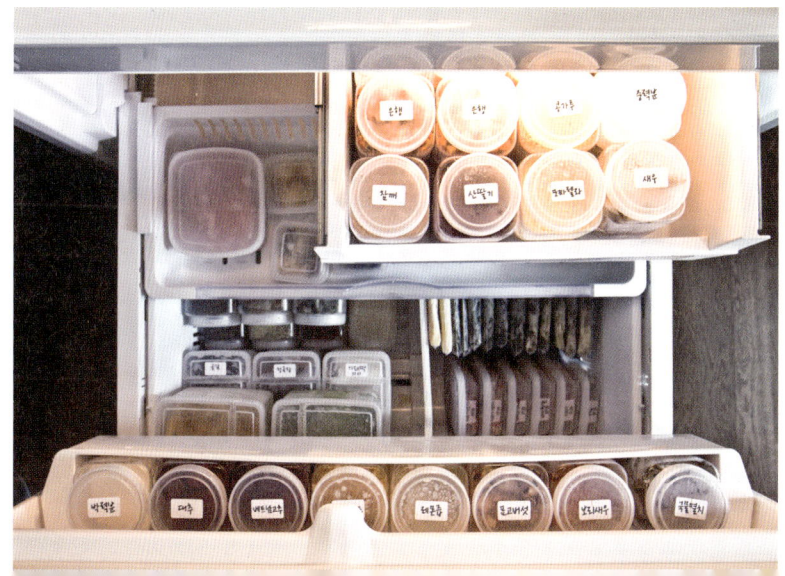

하나같이 얌전히 거기 웅하고 주인의 손길을 기다리는 형국이다.

도대체 사람이 한세상을 살아가는 데 왜 이렇게 필요한 물건들이 끝도 없이 많다는 것이냐. 그건 좀 다른 관점의 문제고, 어쨌든 사들인 '살림살이'를 가지런히 정리하지 않으면 사 놓고도 찾지 못해 정작 필요할 때 사용할 수가 없다. 있던 물건이 사라져서 서랍을 뒤엎은 경험이 여러 번 있는 나는 슬며시 부아가 차오른다.

"아니, 이래도 되는 거예요? 살림을 이렇게 미친 듯이 잘해버리면 다른 여자들은 어떡하라고!"

마님은 우하핫 웃고는 "그러게! 이러다 여자들의 공적이 되는 거 아닌지 몰라." 한다. 그러더니 얼른 "근데 한 번만 이렇게 정돈해 두면 잘 흩어지지 않아요. 그 자리에 그대로 채워 넣기만 하면 되거든요. 적절한 수납 도구를 마련하기만 하면 나머지는 쉽죠. 종류를 확실히 결정한 후 시리즈로 사는 게 좋아요. 같은 소재 같은 종류끼리 키 맞춰 늘어놓기만 하면 끝!이거든요."

그래서 땅굴마님 블로그에는 유난히 질문이 많다. 저 밀폐 유리병은 어디서 샀나? 주전자는? 국자는? 바구니는? 박스는? 매트는? 테이블은? 땅굴마님은 싫증도 내지 않고 거기 상냥하고 자세하게 대답해 준다.

그가 깨알 같은 살림 솜씨를 '그곳에 그집'이란 블로그에 올리면서 여자들 입소문에 은근히 오르내린 건 4년 전부터다.

"전업주부가 되면서 '어차피 내가 할 살림이라면 조금 더 기쁘게, 조금 더 완성도 높게 하자!'고 딱 결심을 해버렸어요. 일종의 마인드 컨트롤이었지요. 까다로운 상사도 없고 눈치 봐야 할 후배도 없잖아요. 뭐든 내 멋대로 내 감각대로 하면 그만이니까. 남편 출근하면 나도 집으로 출근한다는 생각으로 프로페셔널하게 살림을 시작했어요."

그 과정을 일기 쓰듯 블로그에 사진 찍어 올렸다. 팬들이 생겨나면서 살림하는 어깨에 팔랑거리는 날개가 달려버렸다. 몇 해 전에는 《살림이 좋아》라는 책까지 냈다.

'살림이 좋다'란 선언은 실은 성경보다 더 오래된 진리고, 성경보다 더 널리 설파된 말씀이다. '살림이 죽임의 반대말이며 한 집안을 이뤄 살아가는 일'이란 당위적 진실을 모를 자 누구랴! 그러나 동시에 그건 표 안 나고 하찮고 돈으로 환산할 수 없어서 시시한, 그래서 사회적 위계의 맨 밑바닥에 놓인 '부엌데기'의 '허드레' 일이었다. 그래서 주부들은 맥이 빠졌고 '살림'에 자기실현이 없다고 판단해 자꾸만 바깥 일터를 기웃댔다.

한때 '주부는 전문직이다!'를 온 사회가 합창하는 듯한 분위기도 있었다. 그러나 살림에 재미를 못 붙인 여자들을 집안에 묶어두긴 어려웠다. 그런데 그 안에 즐거움이 넘칠 뿐더러 숙련된 전문직이며 살림이야말로 최고의 자기실현의 장이란 것을 실천적으로 고백한 땅굴마님 같은 혁명가가 등장한 것이다. 이제 살림의 개념이 확실히 달라질 것이다.

방 하나 정리에 30만 원을 받는 수납 컨설턴트가 신종 직업으로 생겨났다던데, 땅굴마님이야말로 탁월한 정리정돈 전문가다. 거기에 빼어난 가구 디자이너이기도 하다. '그곳에 그집 가구'들은 철저히 가변식으로 직접 디자인했다. 사이즈와 모양을 결정해서 홍대 앞 목공소에 제작만 맡긴다.

"무늬도 장식도 없는 '무념무상'의 디귿자 형태를 크기와 높이를 다르게 짜놓고 활용해요. 밥 먹을 때 마주 붙인 테이블을 차 마실 때는 기역자형으로 바꿔놓지요. 우하핫. 거실 앞에 나란히 둔 테이블 둘은 손님이 많을 때는 부엌 쪽으로 끌고 와 식탁으로 바꿀 수 있고, 소파 앞 낮은 테이블은 이불만 깔면 즉석 침대로 변신해요."

무넘무상이란 말이 맘에 들어 나는 바닥을 치며 과격한 동조를 표하고, 마님이 선택했다는 홍대 앞 목공소 전화번호를 얼른 '따 놓는다'.

마님은 또한 공인자격증을 가진 플로랄리스트고, 요리사에 도예가에 패브릭 디자이너에, 핸드드립 과정을 제대로 배운 바리스타이기도 하다. 또 블로그에 올린 사진을 보면 예사롭지 않은 감각을 지닌 포토그래퍼다. 사진 아래 간단하게 붙인 문장에는 위트와 유머가 넘친다.

후춧가루 넣고 소금 넣고 설탕 넣는 자그만 유리병이 여자들에게 얼마나 큰 기쁨과 만족을 선물하는지 남자들은 모르리라. 틈날 때마다 닦고 매만지며 간단하게 삼매경에 빠져들 수 있는 명상 도구가 될 수 있다는 것을!

"제가 부자가 되고 싶은 이유는 순전히 밀폐 유리병 사고, 주걱 사고, 양념통 사고 싶어서예요. 남자들은 죽었다 깨어나도 그 재미를 모르겠지요? 우하핫."

땡굴마님이 큰소리로 웃을 때 나는 얼른 황인숙의 시를 떠올린다.

아아, 남자들은 모르리 / 벌판을 뒤흔드는 / 저 바람 속에 뛰어들면 /
가슴 위까지 치솟아오르네 / 스커트 자락의 상쾌!

확실히 여자로 산다는 것은 인생에서 음미할 거리가 풍부해진다는 의

미다. 내가 보기 드문 '대인'라고 여기는 박경리 선생도 생전에 이런 말을 하신 적이 있다.

"유리병을 씻어 햇볕에 깨끗이 말리거나 하면 시간 가는 줄 몰라. 글을 쓰지 않았다면 나는 종일 그런 일을 하며 보냈을 거야."

얼마 전 땅굴마님이 올린 유리병 씻는 방법을 보고 나는 한참 웃었다. '주둥이가 좁아서 슬픈 유리병'은 분명 '모가지가 길어서 슬픈 짐승'에서 온 것이렷다! 단순히 가지런히 정리만 된 살림을 보여준다고 사람들이 무조건 열광할 리는 없다. 그의 '센스&센스빌리티'가 사람들을 잡아당기는 것이다.

원래 이혜선의 전공은 의류디자인이었다. 니트 디자이너로 20대와 30대 초반을 워커홀릭으로, 일에 빠져 지냈다. 사이트 '아이러브스쿨'에서 찾은 초등학교 동창, 지금은 건축가가 된 '이이'를 만나 부부가 되기로 약조했고 8년 전 혼인했다. 4년 맞벌이 후 마님이 되어 집안에 들어앉은 지 이제 4년째! 그게 뭐가 됐던 일정한 경지에 이르자면 당대에 이루어지는 일은 잘 없다는 게 그동안의 내 관찰이다. 땅굴마님의 살림 솜씨도 돌아가신 어머니한테서 물려받은 내림이다.

"어머니 별명이 충주의 마샤 (스튜어트) 였어요. 화분 100개를 가꾸시면서 계절마다 소파 커버와 커튼을 바꾸고 이불에 풀을 빳빳이 먹이셨지요. 아버지가 충주에서 병원을 하셨어요. 요리, 뜨개질, 바느질이 눈부신

오밀조밀 식물을 키우는 베란다 텃밭.
바닥엔 짚으로 짠 매트를 깔았다.
말린 꽃으로 리스 만들기는 땡굴마님이 특히 자신 있어 하는 분야

우리 병원 2층 살림집에 그 시절 이미 사람들이 구경 오곤 했다니까요."

그 덕분에 그는 초등학교 3학년 때 이미 도넛 반죽을 했고, 6칸짜리 서랍장에 네임 스티커를 붙이면서 자랐다. 그래서 지금 자기가 운영하는 블로그 대문에 '당신이 매일 하는/그래서 하찮은/그러나 참 값진/살림/나는 매일 집으로 출근한다.'고 척 붙여 놓는 사람이 됐다.

그 멋진 부모님을 사춘기에 일찍 여의고 땅굴마님은 어린 동생 둘과 함께 남보다 빨리 독립했다. 그러니 살림의 역사가 남보다 깊을 수밖에! 그 사이에 애틋하고 구구절절한 서사가 어찌 없으랴만 '쾌활무비' 한 땅굴마님의 살림 솜씨를 말하는 자리이니 여기선 일단 생략이다.

갓 마흔인 마님의 집에는 낡은 살림이 꽤 있다. 모두 과수원을 하는 충주 시가에서 시부모를 졸라 얻어온 것들이다. 소나무 찬장, 헌 절구,

놋그릇, 낡은 양은 들통까지! 버려진 물건들도 땅굴마님 손을 거치고 나면 아연 담백하고 격조 있는 앤티크로 변신한다.

"시아버님은 절더러 '우리 며늘애는 썩은 것만 좋아해' 하셔요. 과수원 창고 안을 뒤져 헌 물건을 찾아내는 게 정말 즐겁거든요."

그중 으뜸은 그가 요즘도 즐겨 사용하는 오래된 재봉틀이다. "이 드레스 미싱은 우리 시어머니가 50년 전 혼수로 가져오신 거래요." 시어머니가 쓰던 물건을 이토록 아껴가며 사용하는 며느리가 있다는 것만으로도 흐뭇하고 기특하기 짝이 없다.

이야기 도중 간간이 주옥같은 깨달음의 말을 날리는 땅굴마님! "역시 사람이든 물건이든 겉보다 속이 실해야 하거든요." "살림이란 기술이 아니라 마음이죠." "공간이란 없던 게 생겨도 좋지만 있던 게 없어질 때 더 새로워지더라고요." "내 맘대로 하니까 막바느질이고, 막뜨개질이에요. 바느질·뜨개질로 나라를 구할 것도 아닌데 뭐 그렇게 법칙 따져가며 할 필요 있나요?" "살림에 흥이 나면 내 손에서 절로 하트가 발사돼요!"

한때 살림이 지긋지긋하게 싫던 나로서는 살림하는 손에서 하트가 발사된다는 땅굴마님이 이쁘디이쁠 수밖에 없다. 당시 내게는 '감독관'이 있었고, 지금 땅굴마님에게는 '주도권'과 '자발성'이 있다. 돌아보면 인생의 정답은 늘 이렇게 심플한 것을!

아무래도 난 조만간 집 안을 한 번 헤까닥 뒤집게 될 것 같다. 땅굴마님과 똑같은 밀폐 유리병 사는 곳도 알아뒀고, 냉동고용 납작 용기도 잔뜩 주문해뒀고, 홍대 앞 목공소 전화번호도 내 손 안에 있으니까!

넷。

집, 자연에 끌리는

©김성룡

화가 박대성의

경주 '묵은당'과 '통천옥'

●

앉아도 편하고 누워도 편하고 기대어도 편한!
공간과 내 몸 치수가 딱 맞을 때 찾아오는

먹 속에 숨은 집과
하늘로 뚫린 감옥

●

　나정 지나 포석정 지나 삼릉이다. 신라 화가 박대성의 집 뒤뜰은 삼릉과 잇대어 있다. 삼릉의 소나무는 배병우가 사진 찍어 세계인의 심금을 두드린 바로 그 둥치와 곡선과 빛깔로 완벽한 조화가 뭔지를 웅변하며 서 있다. 우리는 그의 화실에서 뒤뜰을 내다본다. 천년송과 수십만 년 묵은 괴석을 배경으로 집이 두 채 놓여 있다.
　대나무로 지은 묵은당墨隱堂과 흙으로 지은 통천옥通天獄. "누가 그렸는지 그림 한번 잘도 그렸다!" 일행 중 누군가 탄복했다. "7세기 김대성의 솜씨인가, 21세기 박대성의 솜씨인가!" 질세라 다른 친구가 추임새를 넣었다. 그랬다. 내다보는 풍경은 그대로 그림이다.
　박대성은 걸핏하면 집을 짓는다. 그림 말고도 뭔가 짓고 만들지 않으면 좀이 쑤셔 못 견딘다. 통천옥이 그가 열 번째 짓는 집이라니 웬만한 건축가 뺨칠 만한 경력이다.
　묵은당은 그의 너른 화실에서 내다보는 용도의 정자다. 물론 누마루에 올라 앉아 눈앞의 댓잎과 솔바람을 오관으로 느끼는 것이 정자의 효용이겠지만 저만치 세워놓고 바라보는 정자 또한 그에 못지않다는 데

나는 흔쾌히 동의한다.

"뜰은 뒤뜰이 중심이거든. 앞뜰이야 지나가는 사람을 위한 싱거운 것이고, 주인과 '진짜 손'이 즐기는 것은 당연히 뒤뜰이지. 창덕궁 후원을 봐. 문 열어 놓고 가만히 앉아서 내다보는 뒤뜰이 조선집의 참맛 아닌가!"

그러고 보니 옛집엔 아무리 작아도 뒤뜰이 필수였다. 뒷바라지를 열면 거기 자그만 다른 세상이 펼쳐졌다. 땅이 비싼 도시에 살면서 우리는 뒤뜰을 잃었다. 무연히 내다볼 뒤뜰을 잃으면서 우리는 스스로에게 내재된 통찰과 여유와 미감을 덩달아 잃고 있는 건지도 모르겠다.

묵은당은 죽루竹樓다. 왕대나무 기둥에 골기와 맞배지붕이 이어진 자그만 정자로, 두 평 정도 되는 누마루를 가졌다. 바닥도 천정도 다 대나무다. 그러나 대(竹)만으로는 2톤이나 되는 기와지붕의 하중을 버틸 수가 없으니 대나무 안에다 스틸을 넣어 골조를 세운 후에 겉을 대나무로 감쌌다. 그래서 공사도 간편했고, 100년을 버틸 만큼 구조가 튼실해졌다. 묵은당을 짓고 나서 그는 포항제철에다 황룡사 구층탑도 스틸로 복원하자고 제안했다.

"고증을 할 수 없어서 황룡사탑을 복원하지 못한다는 건 어불성설이거든. 현대 건축과 토목 기술이 이렇게 발전했는데 굳이 옛 방식을 고집할 게 뭐야? 겉모양이야 물론 예전과 똑같이 만들어야겠지만 내부 구조

는 철근을 올리면 되는 거거든!"

 묵은당 곁에 황토와 기와를 번갈아 쌓아올린 자그만 집의 이름은 '통천옥'이다. 고개를 숙이지 않으면 문설주에, 천정에 머리를 부딪치는 낮고 작은 방이다. 골기와로 지붕 얹고 가운데를 뚫어 유리를 끼웠다. 자궁처럼 아늑해 절로 슬금 몸이 눕혀지는 방이다.

 누워서 올려다보니 천장 가득 꽃망울진 매화가지다. 그 위로는 삼릉의 푸른 솔잎이다. 이 방은 둥글지도 네모나지도 않다. 황토를 툭툭 쳐서 이겨 발라 벽면이 그냥 울퉁불퉁하다. 거북 몸동 속 같기도 하고 바가지 속 같기도 하고 커다란 감자 같기도 하고! 바닥은 구들을 깔아 아궁이에서 장작을 땐다. 튀어나온 아궁이가 거북 머리라면 방은 거북 몸통이다. 양쪽에 난 길쭉한 창은 영락없이 거북의 눈이다

 "하늘로 뚫렸다고 통천옥이지. 옥은 '집 옥屋'자가 아니고 '감옥 옥獄'자야. 세상 끊고 감옥에 갇혀야 뭔 일이 돼도 되거든. 갇혀야 에너지가 비축돼 큰일을 할 수 있어. 이 거북이 엉금엉금 기어가고 있는 곳? 두말할 것 없이 거북의 이상향이지. 마침내 도달해야 할 구품연지九品蓮池지."

신라석탑 뒤로 보이는 정자가 묵은당. 왼쪽 옆 작은 집이 통천옥이다.
그 앞에 길쭉한 연못을 팠다

묵은당에서 바라본 화실

　통천옥 전방 2미터쯤에 길쭉한 연못이 놓였고, 거기 해맑은 연이 자란다. 그는 집 여기저기 연못을 파뒀다. 연을 길러 꽃도 보고 향도 맡고, 잎과 뿌리는 차와 반찬으로 먹는다. 그렇지만 더 큰 효용은 거북의 이상향으로서의 기능이라니.

　집은 거들 사람을 하나 사서 혼자 지었다. 집 한 채에 일주일쯤 걸렸고, 비용은 대략 500만 원쯤 들었다. 아파트가 흔해졌다. 수백 명 주소록을 들여다보면 80퍼센트 이상이 아무아무 아파트다. 아파트란 스스로 뭘 지어볼 수 없는 공간이다. 그러나 언제든 저런 자그만 집 하나 짓자는 꿈조차 꾸지 못할까.

　내가 찾아다니는 집은 그냥 곁에서 구경만 하는 집이 아니라 실제 삶을 바꿀 가능성을 주는 집이다. 자신이 좋아하는 집이 어떤 것인지를 고민해볼 필요가 있다. 그건 삶의 태도와 관련된 고민이다. '뜰에 연못이 있어 연꽃이 자라는 집에서 살고 싶다'는 희망은 삶의 방식을 선택하는 것이다.

화가 박대성은 낡은 시골집을 택했다. 일단 경주 남산 자락, 소나무 우거진 삼릉 아래 집을 구하면 서울 도심에서 사는 것과는 전혀 다른 방식의 삶이 펼쳐질 수밖에 없다. 아침에 일어나면 자연스럽게 천 년 묵은 금강송 아래를 산책한다. 코앞에 삼릉이 있고 10분 정도 걸어가면 나정과 포석정에 닿는다. 검은 눈알을 빛내며 멈춰선 다람쥐가 바로 앞에 보이고, 손길 닿는 곳에 알을 품은 새 둥지가 숨겨져 있다.

"새 둥지를 한번 보라고! 짐승의 굴을 봐! 몸 눕히는 집은 작아야 돼. 그래야 안식처가 되거든. 집이 너무 크면 쉴 수가 없어. 작은 공간에 쏙 들어가야 깊은 잠을 잘 수 있지. 그게 되지 않아 자꾸 병이 나는 거라고! 전신만신에 집 키우느라 인생을 낭비하잖아? 그 때문에 뇌물받고 과로하고, 그러다가 병들어 죽잖아. 자연이 그런 걸 자꾸 가르쳐주는데도 인간들이 천치 같이 그걸 자꾸 외면하지!"

  현대 문명은 지나치게 시각 의존적이 된 것 같다. 아름다운 집, 멋진 집이라고 말하면 반사적으로 '보기 좋은 집'이라고, 시각적으로만 받아들이는 경향이 있다. 박대성이 추구하는 집은 몸이 편한 집이다. 앉아도 편하고 누워도 편하고 기대어도 편한! 그것은 공간과 거기 깃든 사람의 몸 치수가 딱 맞을 때 찾아온다.

  그가 경주에 온 건 15년 전이고, 배동에 화실을 지은 건 10년 전이다. 먼저 본채, 아래채에 널찍한 뜰이 있는 묵은 집을 하나 샀다. 뒷산 소나무가 좋았고 그 소나무 아래 화실을 지을 작정으로 선택한 터였다. 헌 집의 일각 대문 앞에 붙인 이름은 '불편당'이다. 화장실도 멀고 천정도 낮아 불편한 집이란 뜻인데 이 당호가 얼른 연상시키는 것은 그의 신체 조건이다. 그는 어려서 왼손을 잃고 한 팔로 그림을 그렸다. 그가 그림으로 도달한 높이와 폭을 보면 왼팔을 잃은 대신 어디선가 보이지 않는 팔 여남은 개를 더 얻은 것 같다.

"불구라는 닉네임이 늘 강박관념이었어. 남들은 둘을 하고도 쉬는데 나는 열을 해놓고도 쉴 수가 없었어. 만족할 줄 모르고 자신을 혹독하고 과중하게 몰고 나갔어. 그러다보니 여기까지 온 거지."

박대성의 그림은 스케일과 정교함에서 두루 전율이다. 가로 8미터나 9미터의 그림은 마주 선 사람을 압도한다. 그 압도는 억압이 아니다. 외경과 검허와 감동이 버무려진 압도였고, 그 산실이 바로 경주 배동 그의 작업실이다.

작업실의 커다란 통창으로 뒤뜰을 본다. 거기 정방형 연못과 키 높은 괴석과 타원형 물확과 조선시대 오층석탑만 놓여 있더니, 2007년 매화 피는 봄날엔 단정하게 기와 얹은 야물고 고요한 정자 하나가 들어섰고, 이듬해 가을엔 황토를 짓이겨 만든 온돌방이 또 하나 늘어났다. 끊임없이 뭔가를 만들지 않으면 직성이 풀리지 않아 이제 만드는 것이 버릇이 돼버렸다.

"공간을 디자인하는 것은 원래 그림 그리는 이들의 몫이거든. 조선 궁궐에 후원을 만든 이들도 다 화원畵員이었어."

박대성은 예순이 썩 넘은 지금도 하루 두 시간 넘게 글씨를 쓴다.

"글씨 쓰는 건 그림을 그리기 위한 워밍업이야. 흔히 시서화詩書畵라고 하잖아? 말이란 괜히 생기는 게 아니야. 시 읽는 것이 먼저고 다음에 글씨를 쓰고 그 이후에 그림을 그리는 거야. 시를 알아야 서법을 익힐 수 있고, 서법을 알아야 화법이 가능하다고! 그림은 붓을 어떻게 운용·장악하는지에 달렸으니 먼저 서법을 익힐 수밖에 없어. 아, 심지어 골프도 날마다 연습하지 않으면 감각이 둔해진다잖아. 근데 붓이야 더 말할 나위 있겠어?"

그는 마오쩌둥의 서첩을 펼쳐두고 이야기 도중에도 쉬지 않고 글씨를 연습했다.

"마오쩌둥은 천 년에 한 번 나올까 말까 하는 대서예가야. 붓으로 바위를 파버릴 만한 힘이 있지. 이런 힘이 없고서야 그 험한 대장정을 꿈이나 꿨겠어."

박대성의 엄지와 검지 사이에서 나는 둥글게 두드러진 근육 한덩이를 발견했다. 골프공만한 크기로 손가락을 따라 움직이는 근육이다. 한 해에 벼루 셋을 바닥내는 서예가가 있다는 말은 들었지만 손아귀 근육에 골프공이 생긴 서예가는 듣느니 처음이다. 붓 쥐는 법이 남달라서 생긴

근육으로 추사의 서법을 읽다가 발견해낸 '집필법'이다. 검지·장지로는 붓을 당기고, 무명지·약지로는 붓을 밀면서 잡는다. 이렇게 하면 붓끝으로 바위라도 뚫을 수 있는 힘이 생긴단다.

그 맹렬정진의 현장에 앉아 나는 벅찬 마음으로 묵은당을 내다본다. 먹 속에 숨은 집! 한때는 추사를 맹렬히 모사하더니 2010년 그는 다시 김생에 미쳤다. 신필로 소문난 신라 명필 김생의 글씨가 화선지 위에서 소슬하게 살아나는 양을 지켜본다.

어느 날 그가 전화로 물었다. "사람 몸 중에서 가장 예민한 부위가 어딘지 알아?" 나는 멍청하게 대답했다. "손가락? 혀?" "붓끝이야. 수만 가닥의 가는 털끝마다 전류가 흐르듯 신경이 흐르거든." "붓끝이 무슨 사람 몸입니까?" "사람 손에 잡히면 사람 몸이 되는 거지!"

그러니까 붓을 잡지 않는 자는 가장 예민한 부위를 잃어버리고 산다는 거다. 박대성은 사람으로 태어났으면 모름지기 붓을 들고 글씨를 써야 한다고 주장한다.

"배추 장사를 해도 글씨를 써야 해. 그래야 제 인생을 진지하게 성찰하면서 살 수 있거든."

쉴 때 그는 한 평 남짓한 통천옥에 눕는다. 전기를 들이지 않아 양초와 호롱으로만 불을 밝힌다. "쉴 때는 너무 밝은 것도 좋지 않아." 그러면서 심신을 텅텅 비운다. 그래야 다음 작업을 위한 에너지와 아이디어

가 우물에 물 고이듯 차랑차랑 차오르니까. 이 모든 지혜를 그는 자연에게서 배웠다.

   그러나 이제 묵은당과 통천옥은 사라졌다. 박대성은 두 해 전에 경주 삼릉 소나무 아래 그 땅을 돈 많은 사람에게 팔아버렸다. 새 주인은 약속과 달리 옛집과 화실을 허물고 거기 고래등 같은 새 기와집을 지었다. 피치 못할 사정이 있었겠지만 나는 심한 배신감을 느꼈다. 그런 아름답고, 공들인 집을 팔아치우다니!

   그래서 이 글은 자그만 정자 묵은낭과 너 사그만 온돌방 통천옥에 대한 나의 묘비명이다. 서너 번밖에 누운 적 없지만 내 손은 아직 묵은당의 서늘한 촉감을 기억하고, 내 등은 아직 통천옥의 편안하던 흙바닥을 그리워한다. 게다가 머리 위로 난분분 흩날리던 매화의 낙화라니.

   세상 모든 것은 결국 사라진다. 사라지지 않고 영원히 우리 곁에 머무는 것이 어디 있으랴. 그러나 내가 사랑하는 집들은 나보다 오래 살아남아 뒤에 오는 이들에게 우리 치열했던 나날들을 증언해줬으면 좋으련만!

도예가 김형규의

장성 '백우헌'

●

'십 년을 경영하여 초당 한 간 지어내니'
'따뜻한 봄날 아비가 맹글고 아들 호가 쓰다'

저 너머 설산의 흰 소가
달항아리 빚는 곳

●

　장성군 삼계면 죽림리 청림마을. 몇 해 전부터 이곳은 내게 감춰진 유토피아였다. 저수지를 지나 자그만 둔덕을 넘어 구부러진 길을 돌아드는 마을 입구도 그렇고, 죽림리란 마을 이름도 그렇고, 거기 깃들어 사는 희뫼라는 호를 가진 도예가도 그렇고, 도무지 현실 너머의 세상 같았다.
　청림에 들면 나는 번번이 다른 세계로 공간 이동한 기분이 들었다. 특히 살림집 사랑마루에 앉아서 맞는 바람결이 좋았다. 바깥에서 묻혀간 독기와 탁기가 순식간에 걷히는 공기 흐름이었다. 고요하고 깨끗한 자리에서 희뫼 김형규는 북을 일쑤 '뚜웅~ 따앙~' 하고 두들겼다. 헌 무명옷을 입고 머리를 뒤통수에 묶고 백자 달항아리를 빚는 그는 전신의 힘과 신명을 순식간에 북채에 밀어 넣을 줄 아는 사람이다.
　그의 백자는 남의 것과 아연 달랐다. 그게 백자의 형태를 이루는 선인지 살결의 감촉인지 가마가 만들어 낸 빛깔인지! 정확히 알 수 없지만 그가 빚은 달항아리는 희한하게도 그 집 마루에 앉아서 맞는 바람과 흡사했다. 바라보는 자의 때를 말갛게 닦아내는 기운이 어디서 오는 건지 나는 늘 의아했다.

그는 한때 축령산에 한 평 반짜리 집을 짓고 도자기를 만든 적이 있다. 주변의 흙과 띠와 돌을 모으고 수몰 예정지에 버려진 나무를 주워 '가로 열여덟 뼘, 세로 열두 뼘'짜리 집을 짓고 전기도 없이 살았다. 전기가 없으니 시간이 옹글었고, 옹근 시간을 공부와 명상에만 몰입할 수 있었다. 그 집은 못값 2만 8000원만 들인 무소유의 집으로 매스컴의 주목을 받기도 했다.

그 이전에는 '관 수행'이란 것도 7년이나 했다. 저녁마다 잠들 때 실제 소나무로 짜 맞춘 관 속에 들어가 눕는 일이었다. 내일 아침 눈뜨지 않아도 좋다는 다짐으로 관 속에 들어가 눕는 심정은 도대체 어떤 것일까. 그 다짐이 더 진지해지는 건 아침에 눈뜰 때였다. 날마다 새로 태어난 기분으로 하루를 시작하는, 말하자면 다석 유영모 선생처럼 '일일일생주의―日―生主義'의 실천이었다. 그런 엄정하고 치열한 생활이 희뫼의 도자기에 힘을 얹어준 것일까. '도선불이陶禪不二'라는 모호하던 말이 희뫼의 흰 자기 앞에 서면 별다른 설명 없이 납득되었다.

그런 그가 청림에 새로 집을 지었다. 이번엔 꽤 번듯한 기와집이다. 3년 전엔 황토를 이겨 용가마를 짓더니 재작년엔 살림집을 짓고 올해는 그동안 만들어낸 백자를 진열하는 전시관을 만들었다. 큰절 짓던 대목과 친구, 이웃이 큰 몫으로 돕기는 했지만, 직접 흙을 이기고 흙벽돌을 찍고 조선소나무로 대들보와 서까래를 다듬어 올렸다. 마루장과 벽과

기둥에 주인의 숨결과 기운이 배어들어 드맑고 편하고 기상 있는 집이 되었다. 대들보를 올리는 날에는 학교 간 초등학교 6학년 호, 3학년 담을 불러내 순결한 손으로 상량문을 쓰게 했다.

누워서 올려다보면 '십 년을 경영하여 초당 한 간 지어내니', 집에 관한 통찰을 담은 면앙정 송순의 빼어난 시구에서 따 온 글귀가 보인다. 간결한 행간에 조선 건축의 철학이 무르녹은 시라고 건축가 김원 선생이 탄복하던 바로 그 시다. '따뜻한 봄날 아비가 맹글고 아들 호가 쓰다'란 상량문은 풍진 세상을 살아가는 이들의 콧마루를 괜히 시큰하게 만든다. 작은아들 담이 쓴 '자기 갈 길을 찾아 노력하는 사람에게 세상은 길을 열어준다'란 다른 쪽 글귀는 희뫼가 몸소 거쳐온 후 아들에게 전해 주는 깨달음처럼 들린다.

희뫼가 이곳 청림을 찾아든 데는 신비한 내력이 있다. 꿈에 넓적한 바위가 보였다. 주변에 콸콸 흐르는 물과 나무도 보였다. 도자기는 오행을 고루 다루는 작업이다. 흙(土)은 당연하지만 가마에 땔 나무(木)도 풍부해야 하고, 물(水)이 좋아야 하고, 바람이 잘 통해 불(火)이 잘 들어야 한다. 그런 지역은 흔치도 않지만 구하기도 어렵다.

"꿈에 큰 바위에 떡이고 과일이고 음식이 가득 놓였어. 날 아는 지인들이 다 모여 즐겁게 그걸 나눠먹어. 가만 보니 내가 주인인 모양이야. 그라고 깼는데 너무 기분이 좋아."

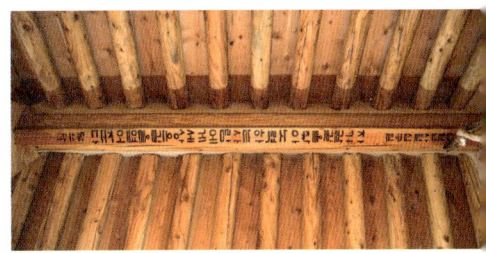

큰아들 호의 작은아들 담이 쓴 상량문

마루 아래 아궁이를 뒀다.
소원대로 풀시락물 뚝뚝 맞아가며 불 때는
궁상에서 벗어났다

이튿날 아침 꿈에서 본 산세를 더듬어 차를 타고 올랐다. 비슷한 골짜기를 헤매다 저물 무렵 청림에 들어왔더니 꿈에서 본 것과 똑같은 장소가 나타났다. 넓적한 바위도, 아래로 흐르는 개울도, 눈앞에 보이는 산등성이도 그대로였다.

"저기 뜰에 큰 바위 보이잖어. 꿈에 보이던 게 바로 저 바위였어!"

무슨 옛 이야기 속 같지만 실제 희뫼의 삶 속에는 문명 속에 살다온 사람이 납득하기 어려운 현몽과 통찰과 예지가 태연하게 발길에 툭툭 차인다. 땅을 보자 청사진이 척척 그려졌다. 여긴 가마터, 여긴 살림집, 여긴 작업실! 미리 예정된 듯 아니면 전에 이미 해 본 일을 하듯, 모든 것이 그토록 자연스러웠다. 곡절 끝에 땅값을 치르고 터를 다져 소나무를 구해 집을 짓기 시작한 날 또 꿈을 꿨다.

"요 밑에 밭이 있는데 내가 소를 몰고 밭을 갈고 있더라고. 밭을 다 갈고 돌아서는데 몰던 소가 갑자기 흰 소로 변하는 거여."

꿈을 깨고 난 후 당호를 '백우헌白牛軒'으로 짓겠다고 작정했다. 자신이 흰 소를 몰고 있다는 생각은 새삼스러운 것도 아니었기에!

"나는 아무튼 잠을 자꾸 자야 하는 모양이여, 허헛."

흰빛은 그와 관련이 깊다. 처음 도자기를 만들던 터는 삼계면 백산마을이었고, 다음은 산소골이었다. 백산을 따서 희뫼를 호로 삼았다. '산소'할 때 소素도 희다는 의미다.

"설산[희뫼] 흰소[백우]가 빙의를 입은 풀[백초]을 먹는다는 얘기를 예전에 어느 경전에서 본 적이 있어!"

빙의는 얼음같이 투명한 맑음이다. 불순물이 허용되지 않는 깨끗함이다. 백자를 전시하는 공간 이름을 '빙의당'으로 짓는 것도 그토록 자연스러웠다. 이름이란 허울이 아니다. 본질을 농축한 것이다. 살아갈수록 그걸 느낀다. 흰옷을 입고 백자를 만드는 희뫼가 지금 백우헌에 살고 있다는 것이 우연일 수는 없다. 우연이 실은 필연이란 걸 나는 알게 됐다. 몇 해 전 희뫼에게 매우 강렬한 이야기를 들은 적이 있다.

"나는 전생에 일곱 바퀴를 조선 도공으로 살았어. 아메리카 인디언인생도 있었고, 사무라이의 애첩으로 산 생애도 있었지. 칭기즈칸 부대의 무사였던 적도 있어. 관 속에 누워 아래로 아래로 침잠해 들어갈 때 나도 모르게 그런 게 보이더라고!"

그걸 액면 그대로 믿고 말고는 듣는 이의 자유지만 우리 각자의 무의식 안에 엄청난 시간이 축적될 수 있다는 것은 정신과학자들이 이미 입증해 두었다. 인간이 공유할 수 있는 감각은 겨우 3차원에 불과하지만 과학자들이 밝혀놓은 것은 10차원 이상이라고 한다. 그리고 우린 때로 그 10차원 너머의 세계를 언뜻 감각하기도 한다.

실제로 나는 희뫼의 낯빛 위로 그런 인물들이 희끗거리는 것을 목격한 듯도 하다. 몽골 벌판을 말 타고 달려가는 건각과 사무라이의 마음을 잡아당기는 교태와 동식물의 움직임에 깊이 교감하는 영성과 도자기 만드는 일에 삶 전부를 걸어둔 우직과 맹목성 같은 것들을!

그는 스물한 살에 외설악에 갔다가 벼랑에서 추락한 적이 있다. 정신을 잃었으나 소나무에 오른쪽 다리 하나가 걸려 겨우 목숨을 건졌다. 그렇게 죽었다 다시 살아나고 보니 사람들이 다 귀하고 이뻐 보였다.

"밉던 놈도 어느 결에 고와지더라고."

그때 결심을 딱 하게 된다. 불확실한 미래에 확실한 오늘을 투자하지 말자. 그런 어리석은 짓은 오늘부터 딱 멈추자. 공부해서 좋은 직장을 얻는 따위는 나에겐 전혀 필요치 않구나!

삶이 완전히 달라졌다. 지금 여기를 확대해서 들여다볼 줄 알게 된 젊은이가 갈 곳은 한 군데뿐이었다. 절로 갔다. 머리를 깎았고 승려가 되었다. 그렇게 출가자로 4년을 살았다. 낯선 곳을 만행했다. 그러다 어느 날 예정된 일인 듯 절에서 운영하는 가마터로 이끌렸다.

가마 안에서 타는 불을 봤다. "태양에서 한 점 떼내온 듯한 빛"이었다. 그 불빛에 사로잡혔고 그 앞에서만 살았다. 몸에 착 달라붙는 일이었다. 자연스럽게 그 일을 했고 그러면서 길어진 머리카락을 자르지 않고 뒤통수에 척 붙여 묶게 됐지만, 지금 희뫼에게 도자기와 수행은 둘이 아니다.

그는 바라보는 눈길에 흔들림이 없고 상대를 똑바로 응시할 줄 알고 평소 닫혀 있던 마음 바닥까지 열리게 만드는 고품격 눈을 가지고 있다. 웬만한 질문에는 본질을 딱딱 짚는 대답을 건넬 줄 안다. 그가 판단하기에 도자기는 당대에 진수를 터득할 수 없는 작업이다. 새색시가 김장 서른 번만 담그면 끝나는 것이 인생이라고 피천득 선생이 말했던가. 그런 짧은 인생 안에 어찌 우주의 깊디깊은 비밀을 찾아낼 것인가.

"도자기를 암만 부지런히 만들어도 일 년에 가마 두세 번 불 지피면 끝나버려. 30년 해봤자 6, 70번밖에 더해? 인제 불을 좀 알만해졌다 싶으면 늙어 죽는 거여. 적어도 3대는 가야 제대로 된 도자기 맛을 알 수 있거든. 그래서 나는 다음에 올 누군가를 위해 준비를 착실하게 해 뒀제."

무엇보다 흙을 충분히 비축해뒀고, 오래 쓸 망뎅이 가마를 짓고 작업실과 살림집도 지었다.

"나 혼자 호상하자고 지은 게 아니어. 집 짓느라고 나는 에너지가 1/3은 빠져 달아나부렀어."

'다른 데 신경 쓰지 않고 오로지 그릇 빚고 굽는 데만 몰두하기'를 그가 얼마나 간절히 원했는지가 애절할 만큼 강렬하게 읽히는 발언이다. 그러나 지금 희뫼 도자기는 당대에 빛이 난다. 일고여덟 바퀴를 도공으로 살아온 그의 전생 덕분인가. 담담한 백자 앞에 서서 휘황한 말을 늘어놓긴 민망하지만 이리저리 형용하고 싶은 달항아리를 척척 만들어낸다. 아니 백 말이 소용없게 입이 꽉 다물어지는 항아리를 빚어낸다.

빙의당 안 내부.
희뫼가 만든 백자 다기와 달항아리가 전시돼 있다

백우헌 방바닥은 쑥 가루와 침향을 이겨 바르고
위에 감물 들인 한지를 발랐다.
사람이 많으면 문짝을 들어 올려 공간을 키울 수 있다

하긴 흙으로 빚은 항아리 하나가 뭐라고 호들갑을 떨 것인가. 그러나 그렇지 않다. 아름다움은 우리를 이곳에서 저곳으로 옮겨준다. 잠깐 만에 원용한 진리를 건드릴 수 있다. 3, 4분짜리 노래 하나가 사람의 차원을 바꿔놓고 감정의 지평을 확장하듯! 우리는 물론 금방 현실로 돌아오지만 다른 차원을 경험한 사람은 보이는 것이 전부가 아님을 알게 된다.

도공이 가장 공들이는 과정이 어딘지를 물었을 때 그의 대답은 이랬다.

"그릇을 빚을 때보다 가마에 불을 땔 때가 훨씬 공력이 들어. 가마는 산실이거든. 산실이 준비가 되어야 새끼들을 넣어서 익히지. 가마는 까다로운 여자 같아서 비위를 맞춰가며 충분히 제 몸을 익혀줘야 해. 사람들이 이상하게 생각해서 요새는 그런 말 잘 하지 않지만 한때는 도자기 만드는 재미를 가마와 '씹하는' 재미라고 말한 적도 있어. 꼬박 사흘 밤낮을 지지도 않고 먹지도 않고 가마 곁에 붙이 앉아 세게, 약하게, 살살 달래다가 거칠게 밀어넣기를 반복하며 불을 때고 나면 도공은 어느 순간 탁 나자빠져부러. 기운이 완전히 소진되는 거지. 가마 안에 그릇을 잉태시켜 출산할 때까지의 과정이 새끼 낳는 과정과 하나도 안 달라."

그래서 그는 가마에서 꺼낸 도자기를 '새끼'라고 부른다. 새끼는 돈으로 거래할 수 있는 물건이 아니다. 그래서 희뫼 도자기는 '인연' 따라 흘러가거나 좋은 사람에게 입양되거나 할 뿐이다.

백우헌을 지을 때 희뫼의 희망사항은 단순했다.

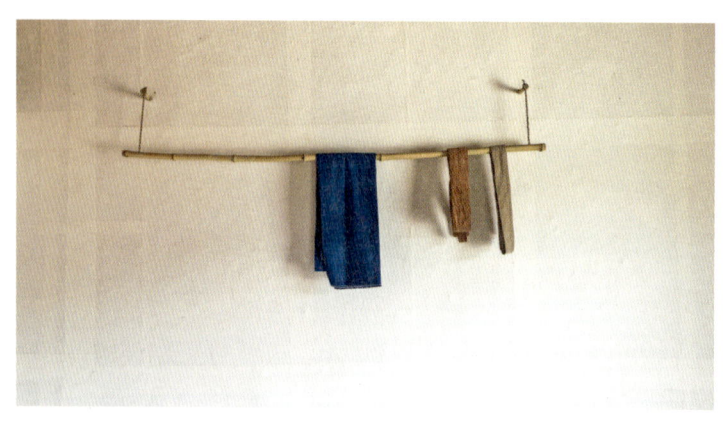

"한데 아궁이는 허리 시리고 풀시락물이 뚝뚝 떨어져서 싫었어. 비 맞지 않으면서 불 한 번 편하게 때보고 싶었어. 요 마루는 나한테는 사치지. 난간도 단조롭게 맨들었어. 그 대신 마루 아래 아궁이에 불을 때면 겨울에도 이틀은 가. 새벽되면 더 따수워."

방은 호사를 좀 했다. 감물 들인 한지를 바른 장판도 그렇지만 장판 아래를 맨흙이 아니라 백토를 발랐다.

"백토라고 예전에는 국수도 만들어 먹던 흙이 있어. 고운 백토와 송진을 버무려서 방바닥에 깔았제. 쑥 가루하고 침향을 같이 섞어 마감을 하고 그 위에 장판을 바른 거야. 문 닫고 앉아 있으면 침향 냄새가 은은히 나. 희뫼는 맘에 안 들어도 이 방이 맘에 안 들 수는 없을 걸. 허헛."

그는 마주 앉았을 때 나이가 짐작되지 않는 인물이다. 현실 나이는 마흔여섯인데 열 살이나 스무 살을 더하거나 빼도 어색하지 않다. 특히 북을 차고 앉아 '이 산 저 산 꽃이 피니 세상사 쓸쓸하다' 라고 〈사철가〉 한 자락을 뽑아 올릴 때 그의 목울대는 수십 생의 헛헛함을 머금고 떨린다.

 백우헌 마루에서 내다볼 때 눈앞에 물결치는 산 능선은 신선봉이다. 그 신선봉을 베고 비스듬히 누운 호랑이 형상도 보인다. 오른쪽을 휘감고 있는 산 이름은 아홉 황제가 난다는 전설의 '구황산'이다. 신선과 황제의 능선을 둘러두고 희뫼는 혼신을 모두어 백자를 빚고 순정하게 가마와 살을 섞으며 세상 잡답을 안으로 빨아들이는 달항아리를 구워낸다.

건축가 김원의

옥인동 집

●

낡고 헌집을 사랑해야 우리 삶에 곡조가 실린다
청풍과 명월이 집안으로 들락거릴 수 있다

비 갠 후
인왕산의 산색이 들어오는

●

봄에 옥인동에 가 보고 가을에 다시 갔다. 김원 선생 댁은 역시 뜰이 좋다. 바닥에는 둥근 맷돌이 무게 있게 깔리고, 그 위로 물든 감나무 이파리가 뒹굴고, 우뚝한 소나무 뒤로 인왕산의 바위 벼랑이 환하게 펼쳐져 있다. 크지 않지만 충분히 넓고, 시내 중심이지만 충분히 호젓하다.

뜰만 보면 지금이 조선 중기인지 21세기 초입인지 언뜻 구분되지 않는다. '아름답되 화려하진 않고 한옥이 아니되 전통미가 묻어나는 살림집'을 찾는 내게 조성학을 하는 김한배 교수가 강력 추천한 집이다. 한국식 정원의 원형을 볼 수 있는 집이라 했다.

"전통 조경의 마지막 대가라고 할 수 있는 김춘옥 선생의 작품이지요. 궁정동 안가와 경주 안압지와 보문단지 조경을 그분이 하셨습니다. 이 뜰은 게으른 사람을 위한 겁니다. 서양 정원은 가꾸지 않으면 표가 나지만 한국 정원은 원래 그냥 내버려둬도 괜찮아요. 김춘옥 선생에게 듣기로, 한국 정원에는 두 가지 원칙이 있다고 해요. 봄부터 가을까지 끊이지 않도록 꽃피는 나무를 심는 것과 유실수를 많이 심어 아무리

뜰에 관심이 없는 주인이라도 절로 재미를 느끼게 만든다는 거지요. 봄에 산수유를 시작으로 살구와 앵두와 모란과 철쭉이 피고 라일락이 피고 배롱나무 꽃이 피어요. 얼핏 보면 나무가 몇 그루 없는 것 같아도 앵두와 살구가 하도 많이 달려 이웃이 다 함께 나눠 먹을 만해요. 앵두와 살구는 술을 담고 잼을 만들어요. 감과 은행과 대추도 우리 식구가 다 먹지 못할 만큼 열립니다. 그리고 앞산을 끌어들여 내 정원으로 삼지요. 그걸 차경借景이라 합니다. 한국 정원은 뜰 안에 나무를 심기보다 바깥 경치를 빌려다 보는 차경을 합니다."

 뜰 여기 저기 바윗돌이 적절히 놓였다. 놓이는 방향과 위치에 따라 의자도 되고 탁자도 되는 바위다. 용도뿐만 아니라 집에 아연 깊이와 무게를 준다. 뜰에 세 칸짜리 기와집이 소슬하게 앉았다. 강남 어디선가 아파트를 짓겠다고 허무는 집을 1500만 원에 사서 비슷한 돈을 들여 이리로 옮겨왔다.

가을 뜨락

눈 내린 겨울 뜨락.
겨울에도 푸른빛이 청청한 것이 전통 조경의 특징이다

우리는 별채 마루에 두터운 방석을 깔고 앉았다. 눈앞으로 남산이 바짝 다가오고, 올려다보는 대들보에는 1990년이라는 상량 날짜가 선명하다.

"어느 동네 어떤 집에 사느냐 하는 것은 그 사람이 가진 철학의 표현이거든요. 옥인동 한옥에 사는 것과 압구정동 아파트에 사는 것이 철학의 차이를 명료하게 보여주잖습니까?"

한옥 별채는 이른 봄부터 늦가을까지 그의 사랑채다. 책 읽고 낮잠 자고 글 쓰고 명상하고 손님을 맞는다. 문을 열면 사방이 트이고, 닫으면 호젓하게 고립되고, 한 사람이 앉아도 스무 명이 앉아도 넉넉할 만큼 공간에 탄력이 있다. 이 방에는 시계도 텔레비전도 전화도 들이지 않았다. 어설픈 가구들도 모조리 사절이다. 실내에 가구가 많으면 기의 흐름을 막는다. 방안에 물건이 많을수록 몸이 움직일 공간은 줄어드니까!

"여기 앉으면 절로 절제하게 돼요. 시간도 천천히 흘러가지요."

새소리가 귓전에 쪼롱쪼롱 들리고, 서울 한복판 같지 않게 바람결이 달다. 우리 이야기는 끝없이 이어지고 나는 도저한 인문주의자의 흩어져버리는 말들이 아까워 녹음기의 버튼을 자꾸 확인한다.

"공간은 소통을 위한 것이지 가구를 위한 게 아니잖아요! 사람 사이는 사랑으로 소통돼야 하고, 공간은 인간의 향기로 채워져야 해요. 책장과 책상과 책을 많이 들여놓을수록 덜 지적이에요. 하하. 벽은 없을수록

서울의 한가운데 앉아 있는 한옥의 기품.
열린 문 밖으로 남산이 내다보인다

좋지요. 건축에서는 벽을 줄이고, 실내에서는 가구를 줄이고, 동네에는 한길과 물길과 바람길에 장애물을 줄여야 해요. 그래서 그 안에서 움직이려는 것들을 움직이게 해줘야 해요. 그런 점에서 빛이 통하고 공기가 통하고 소리가 통하는 창호지는 이상적인 건축 재료지요!"

글을 편하고 맑게 쓰는 '잔서완석루' 주인 송승훈은 한국어 문장을 가장 우리말답게 쓰는 건축가로 김원 선생을 꼽은 적이 있다. 그가 직접 쓴 자기 집 이야기가 내가 어쭙잖게 짚어내는 것보다 훨씬 실감나겠다.

옥인동으로 이사한 것은 87년이었다. 나는 처음에 직업상 그 땅에 새로 설계를 해서 새집을 지어야겠다고 생각했지만, 마음을 바꾸고 오래 터득해온 기술로 그 낡은 집을 개보수했다. 뼈대는 그대로 두고 내 취향대로 고치는 것이 더 재미있고 의미 있었다. 그것은 친환경적일 뿐 아니라 경제적이기도 했고, 늙은 중병환자를 수술하여 소생시키는 것과 같은 신선한 느낌이기도 했다. 나는 먼저 현관을 좁히고 거실은 넓혔다. 현관에서 거실에 들어서는 바로 오른쪽에 새로 작은 방을 만들었는데 이 방은 북향의 적당한 빛으로 분위기가 가라앉아서 낮잠 자기에 알맞았다. 거실 안쪽에 가족을 위한 거실을 따로 만들고, 거기서 식당과 안방이 연결되고, 식당에선 부엌이 통하게 만들었다. 2층엔 거실을 가운데로 하여 아들 방, 딸 방을 각각 남향으로 앉혔고, 인왕산 쪽으로는 담을 높여, 주변이 안보

거실의 포인트가 되는 붉은 소파와 붉은 문짝.
인진헌 구조를 위해 일부러 중간 기둥을 남겨뒀다

이고 산과 하늘만 보이는 명상의 정원을 만들었다. 서향인 안방 욕실에선 인왕산이 가까이 올려다 보였다. 아침에 변기에 앉으면 정확하게 겸재謙齋의 〈인왕제색도仁王霽色圖〉가 눈앞에 재현되었다.

〈인왕제색도〉를 자세히 보면 오른쪽에서 왼쪽으로 두 능선이 흐른다. 첫째 능선의 끝자락에 작은 정자가 보인다. 화론畵論에 따르면 조선 그림에는 화가가 자신의 위치를 반드시 그림 속에 그려 넣는다고 한다. 이 정자의 위치가 겸재의 집이던 인곡정사仁谷精舍라면, 현재 김원 선생의 집이 바로 그곳이다. 자고로 능선 끝자락엔 그 산줄기의 기운이 맺힌다고 한다. 그러니 이 집은 지기地氣의 결절점이다. 지혜로운 사람은 눈도 밝아 이런 집을 찾아낼 줄 안다.

"인왕산 아랫동네에 살고 싶어 복덕방을 다녔는데 팔려고 내놓은 집이 마땅한 게 없어요. 그때 발상의 전환을 했지요. 아니 왜 팔려고 내놓은 집만 사는가. 내 맘에 드는 집을 먼저 찍어 놓고 주인을 설득하면 될 게 아닌가! 그래서 겸재의 인곡정사가 있었을 이 집을 딱 맘에 두고 주인에게 청을 넣었지요. 팔 의향이 있으면 언제든 딴 사람 아닌 내게 말해달라고! 그랬더니 두 달 만에 딱 연락이 오데요. 하하."

시세보다 조금 더 주겠다고 주문을 넣어 기어이 이 낡아빠진 슬래브 집을 손에 넣었다. 그가 이 집을 낙점한 이유는 열 손가락으로 꼽기에도

뜰에 서면 인왕산이 바로 코앞으로 다가온다.
〈인왕제색도〉의 재현이다

모자란다. 우선은 물론 집터다. 산줄기가 마무리되는 지점이라 땅기운이 맑고 드센데다 동향 대문에 남향집이다. 옛 어른들은 그런 집을 최고로 쳤다. 터가 겉에서 보면 별로 높지도 않은데 안에서 보면 사방이 확 트였다.

"앞쪽엔 남산, 뒤쪽엔 북악산, 동쪽으론 낙산(요새는 대문 앞에 높은 집이 들어서 낙산이 가려지니 속상해한다), 서쪽엔 저렇게 인왕산 봉우리가 담장인 듯 둘러있지 않습니까. 김춘옥 선생이 서울의 내사산內四山을 우리 마당에 모두 집합시켜 놨어요. 차경借景과 차경遮景으로 인왕산을 집 안으로 끌어들여 둘러 놓았고! 나는 면앙정 송순을 좋아합니다. 그의 시 중에 한국인의 자연관·세계관·건축철학을 고스란히 담고 있는 게 있지요."

십 년을 경영하여 초려 삼 칸 지어내니 / 한 칸은 청풍이요 한 칸은 명월이라 / 강산은 들일 데 없으니 둘러두고 보리라

"10년을 경영하여 세 칸 집을 지었다는 건 10년 동안 고민 끝에 결국 미니멀리즘에 당도했다는 소립니다. 처음에야 크게 짓겠다는 궁리를 왜 하지 않았겠어요. 그러나 오래 생각하다보니 집이란 결국 세 칸이면 족하다는 결론이 난 겁니다."

청풍은 바람과 기운이 잘 통하는 것이고, 명월은 맑은 정신을 지향한

다는 것이다. 강산을 둘러둔다는 게 바로 차경인데 이것은 면앙정의 생각이지만 21세기를 사는 건축가 김원의 철학이기도 하다.

그는 건축대학원 학생들을 가르칠 때 번번이 두한족온頭寒足溫(머리는 차갑게 발은 따뜻하게)을 한자로 200번씩 쓰라고 시킨다. 온돌에 살면 두한족온은 저절로 된다. 건물의 겉모양을 고민하는 대신 사람을 건강하게 하는 우리 민족의 독창적인 주거 시스템을 생각해보라는 권고인 셈이다.

"73년 네덜란드에서 공부할 때였어요. 출석을 부르다 말고 담당교수가 날 일으켜 세워요. 세계 각국의 건축학도가 모인 그곳에서 교수는 이렇게 말했어요. 이 학생이 태어난 한국은 내가 너희에게 가르치려고 하는 건축의 본질을 가장 잘 꿰뚫고 있는 나라다!"

10년 전 '건축가의 환경선언'을 주도하면서 환경과 조화를 이루는 건축, 한국인의 정신문화에 어울리는 건축을 지향하고 무차별적 개발 논리에 저항하던 그는 지난 해 뜻 맞는 건축가들과 함께 '인권과 건축 포럼'을 만들었다. 한마디로 건축가들이 설계비 내는 사람의 말만 들어온 것을 반성하자는 것이다.

"우리나라는 인권이란 개념이 독재정권의 억압과 재벌 착취에 대한 항거라는 원초적 단계에 머물러 있어요. 그래서 2차, 3차적 인권 문제를 거론할 기회 자체가 없었어요. 건축은 마땅히 그곳을 사용하는 다수의 인권을 고려해서 지어져야 합니다. 한 건축물을 설계할 때는 주변의 문화·환경과 사람을 존중해야 함은 물론 자연 환경에 어울리게, 덜 훼손되게 지어야 해요. 건축가의 솜씨만을 자랑할 게 아니라 주변에 귀 기울이고 공생해야 해요. 건축이란 직업은 환경 보존, 문화 보전과 같은 카테고리의 일이거든요."

너무도 당연한 얘기! 뒤늦은 감이 있지만 건축가 사이에서 이런 공론이 모아진다는 건 정말 고무적이다. 그간 여기저기 쑥쑥 솟는 민망하고 흉측하고 억압적인 건축물에 얼마나 시달렸던가. 어디다 호소해볼 데도 없이 화병만 늘었다. 그런데 건축에도 인권이 있다니 듣기만 해도 삽상하다. 그가 처음 '인권 건축'이란 개념에 눈뜬 건 40년 전 네덜란드 유학시절이다.

"그곳 초등학교에 가보고 깜짝 놀랐어요. 우리처럼 칸칸이 막힌 교실이 아니라 전체 공간이 확 트여 있어 아이들이 그룹을 지어 악기, 그림, 구연동화를 각자 자유롭게 하고 있더라고요. 늦게 와도 지각 개념 없이 자연스럽게 섞여들고! 일본을 답습한 우리의 학교 건물은 학생을 통제하기 좋게만 설계됐다면, 네덜란드 학교는 자유와 창의력을 존중해서 지어진 것이지요!"

그가 살고 있는 인왕산 아래 옛마을 서촌(경복궁의 서쪽인 옥인동·체부동·통인동 지역)을 지키기 위해 그는 요 몇 해 필사적으로 싸웠다. 그리고 마침내 이겼다. 거대 건설회사가 착착 진행하던 이른바 '서촌 재개발계획'은 무서운 것이었다. 기왕에 문화재로 지정된 윤비의 집을 허물어야 서촌 재개발이 가능하다는 판단이 내려지자 슬그머니 그 집을 문화재에서 해제해버릴 만큼 건설 재벌의 힘은 막강했다. 하지만 박원순 시장이 워낙 전통을 보존하자는 의식에 투철했고, 주민들이 옛마을을 지키자는 의지로 똘똘 뭉쳤기에 건설 재벌의 힘을 무력화할 수 있었다. 김원 선생 같은 탁월한 리더의 역할도 물론 컸다.

"살림집은 정 붙이고 사는 곳이지 자꾸 팔고 이사 가는 물건이 아니잖아요? 그런데 대한민국이 토건국가가 돼버리면서 그간 온 국민이 투기꾼화, 전 국토가 투기장화 되어가고 있었던 겁니다. 그게 사람들의 삶의 내용과 가치관을 심각하게 왜곡해버렸어요. 아파트의 의미가 원래 분리[apart]잖아요? 소통을 중요한 가치처럼 말하지만 아파트란 게 원래 분리를 위해 만들어졌거든요. 프라이버시를 지킨다고 하면서 심각한 소통부재의 고독을 양산했습니다. 그런 집에 살면서 소통을 말하는 게 어불성설이지요. 이제 집이 가진 원래 의미와 철학을 찾으려는 사람들이 점점 늘어날 겁니다."

겉보기에 멋있는 형태를 가진 집이 아니라 사는 사람이 마음 편하고 몸 편한 집이 좋은 집인 것은 확실하다. 그러자면 바람과 빛과 우주 기운이 깃들어 사는 사람들의 마음과 호흡과 소통해야 한다. 그런 집을 지어야 한다는 것이 건축가 김원의 근본 생각이다.

"서양 건축의 이상이 영구적인 구조물로 그 내부가 중요했다면, 우리 건축은 애초부터 외부 공간의 일부였어요. 각자가 차지한 공간이 서로 소통하면서 열려 있었지요. 우리는 모든 관계를 개인관계가 아니라 다중관계로 보았던 거지요. 집도 마을도 나라도 서로 공유하는 것. 그래서 오랫동안 '우리집', '우리마을', '우리나라'라고 부르면서 살아왔잖아요."

1987년 이사 올 때 이미 지은 지 30년 됐던 낡은 집, 그는 그걸 허물지 않았다.

"엄청난 건축폐기물이 나올 걸 생각하니 끔찍했어요. 말로는 환경을 생각한다 어쩐다 하면서 그런 쓰레기를 만들 수는 없겠더라고요. 당시 내 나이 지천명에 가까웠기에 망정이지 젊었더라면 확 부숴버렸을지도 모르지요."

이런 집은 수명이 얼마나 되는지도 궁금했다.

"앞으로 200년은 거뜬할 겁니다."

이런 대답을 들으면 난 자꾸 웃음이 돋는다. 휴대폰이 없어 연락하기도 몹시 힘든 김원 선생이지만 그를 생각하면 흐뭇하다. 그의 아드님이 경영하는 경복궁 근처 '7pm'을 지날 때면 혼자 빙긋 웃곤 한다.

"아니, 그까지 기계로 버튼 몇 개 누르고 언제든지 날 불러낼 수 있다는 겁니까?"

맞다. 우주와 집과 사람과 전통에 대해 궁리가 많을 그를, 현미경과 망원경을 번갈아 들이대며 집중하는 그를 '그깟 기계'로 무시로 불러내선 안 된다. 새 집 짓는 게 직업이면서도 남이 지은 낡은 집을 '200년은 거뜬할 것'이기에 부숴버리지 않은 것만 해도 그는 칭송받아 마땅한 건축가다.

낡고 헌 집을 사랑해야 한다. 그래야 우리 삶에 곡조가 실린다. 청풍과 명월이 집안으로 들락거릴 수 있다. 옥인동 김원 선생의 집이 그걸 증명한다.

출
판
인

조
상
호
의

광릉 집

●

세상의 유혹에 흔들릴 때 구상나무 심고
세상이 그리울 때 빠알간 복자기 심었다

창밖 나무들의 사계가
온통 눈앞에서 흔들리고

●

　남의 집을 구경하는 데 오랫동안 재미 들려 살았다. 그건 건축법을 배우자는 것도 아니고 인테리어를 흉내 내려는 것도 아니었다. 공간 안에 녹아 있는 주인의 삶의 방식, 그걸 읽는 재미라고 하는 편이 옳겠다. 집은 희한하게도 주인의 역사와 현재 모습을 압축해 보여주고, 그 집 식구들이 무엇을 추구하고 살아가는지를 확연히 냄새 맡게 한다. 처음 낯선 도시에 들어섰을 때 그 도시의 집들이 우리에게 그런 얘기를 들려주는 것처럼.

　그러고 보니 조상호 나남출판사 대표를 만난 지도 꽤 오래 되었다. 아직 박경리 선생이 살아계시던 시절, 악양 평사리에서 첫 토지문화제를 개최하던 무렵이었다. 나는 친구들을 10명이나 끌고 나남의 전세버스에 올라 악양에 내려간 적 있다. 그는 마을 앞에 선 느티나무나 회화나무 같은 풍모로 간결하고 뭉툭하게 말하며 사람들을 웃겼고, 선비 같기도 투사 같기도 한 얼굴로 당시 이미 2000권이 넘는 나남의 도서목록을 슬그머니 자랑했다.

　그가 나무를 키운다는 얘기는 진즉에 듣고 있었다. 나남이 파주 출판

도시로 이사 가기 전이다. 양재동 지훈빌딩 5층 사장실 문 밖으로 예상 밖의 대숲이 우거진 걸 본 적 있고, 도심의 이면도로에 어울리지 않게도 꺼끗하게 자라난 소나무들을 올려다 본 기억도 있다. 그런데 10년 뒤 광릉내 그의 집에서 양재동 시절의 나무들을 확인하는 것은 자그만 감격이었다.

"21년째 나와 함께 살고 있는 소나무예요. 지훈빌딩 앞에 자라는 걸 버려둘 수 없어 캐 가지고 왔습니다."

조 대표를 말하려면 나무 이야기부터 꺼내는 게 마땅하다. 그는 어느새 나무 속에 묻힌 사람이 됐다. 수천 종류의 책을 만든 대신 수만 그루의 나무를 심어 길렀다. 나무를 베어내 책을 만드는 원죄를 가진 직업을 가졌으니 그걸 속죄하기 위해서냐고 누가 물을라 치면 그는 일단 손을 내젓는다. "그렇게 거창하게 말하지 마소. 어쩌다 보니 그렇게 된 거지 속죄는 무슨……." 하지만 어찌됐건 책과 나무는 그의 삶과 깊이 연관되어 있다. 집 구경도 건물보다 나무 구경이 먼저겠다.

"이건 아들 지훈을 위해서 심은 반송입니다. 12년 전에 35년된 놈을 사왔으니 나이가 나오지요. 저쪽 건 딸 완희를 위해 심은 것이에요. 오라비 나무보다 나이가 조금 적지요. 저쪽 꽃핀 건 히어리라는 토종나무인데 멸종 위기에 놓였습니다. 얼마나 잘 생기고 이쁩니까. 이 매실나무는 15년 전에 25년된 놈을 사서 심었어요. 처음에는 늘 푸른 소나무가 좋더니 요새는 봄이 되면 이파리가 몸부림치며 올라오는 활엽수가 더 좋아졌어요. 이건 주목이고, 이건 대왕참나무고, 이건 단풍, 이건 앵두, 이건 은행, 이건 모과, 이건 대추나무…….”

천지에 가득 봄이 오고 있었다. 물오르는 나뭇가지들의 설렘과 안간힘이 눈앞에 가득한 날이었다.

"이건 자작나뭅니다. 보리스 파스테르나크의 집에 가보고 난 후 자작나무 숲을 만들고 싶었어요. 인연이 닿는 땅이 있어 산림조합의 지도로 자작나무 1000여 그루를 심었지요. 그게 벌써 20년생 거목이 돼서 몇 그루 여기로 옮겨온 겁니다."

줄기가 하얗고 수형이 아름다워 귀족 티가 역연한 나무. 나는 평민, 그는 '자작'이라 불리워도 아무런 불만이 있을 수 없는 나무다.

우리 일행이 광릉내에 간 날은 이른바 '여우가 시집가는 날'이었다. 햇볕이 쏟아지다가 금방 비가 오다가 다시 햇살이 번쩍거리며 솟아나곤 했다. 4월이고 분명 꽃이 피었건만 비는 순식간에 자욱한 눈보라로 변하기도 했다. 그걸 우리는 창이 많은 실내에서 내다봤다. 실내엔 장작불이 우렁차게 타오르는 무쇠난로가 놓여 있고, 바깥엔 난만한 봄기운 위로 송이가 굵은 눈발이 매화송이인 양 흩날렸다.

"보세요, 저기 흰 자작나무 끝가지들이 모두 빨갛지 않습니까. 단풍나무도 매화나무도 빨갛게 충혈된 게 보이지요? 피가 맺힌 것 같지요?

물이 오르느라고 저렇습니다. 사람들은 버드나무만 보고 나무가 파랗게 물오르는 것만 아는데 저렇게 빨갛게 물오르는 나무 종류가 더 많을 걸요."

나무에 물오르는 양을 해마다 곰곰이 지켜볼 수 있는 삶이 멋진 삶인 것은 확실하다. 조 대표는 아직 현역으로 나남에서 출판되는 원고를 스스로 몽땅 읽고 있지만, 복작거리는 서울이 아닌 파주와 광릉을 오가면서 자연의 에너지를 듬뿍 받아 같은 시대 평균인보다 기운생동하는 것 같다.

집은 초가로 짓고 싶었다. 지붕을 짚으로 잇는 것이 아니라 초가 같은 모티브를 원했다. 나지막하게 엎드린 꼴, 방 앞에 긴 툇마루를 두는 편리와 정다움, 앞뒷문을 열면 바깥과 바로 통하는 홑집의 자유! 그게 조 대표가 집에 구현하고 싶은 가치였다. 땅은 오래전에 마련해뒀다.

"25년 전 오택섭 선생 시골집에 놀러갔다가 그 옆에 500평 천수답을 우연히 구입하게 됐어요. 잇닿은 국유림 800평은 임대를 받았고! 밭 뒤에 포도밭 1300평이 있었는데 소 키우는 사람이 사들여 축사 짓는다는 걸 막으려고 동네사람들이 궁리를 짜 내는데 명색이 사장이라고 날더러 그 땅을 사라고 해서……. 그러는 바람에 땅이 2600평으로 커져버렸어요."

그 땅에 나무를 심기 시작했고, 나무는 나날이 자랐고, 나무에서 꽃이 피고 열매가 열렸고, 점차 낙원 비스름하게 가꿔졌다.

"강남 서초에 살면서도 농지원부가 있는 명실상부한 농부가 되고, 농협 조합원이 됐지요. 아내는 도시 여자라 처음엔 지렁이를 보고도 뱀인 줄 알고 비명을 지르데요. 그러더니 2, 3년 지나자 과일주 담고 나물 캐는데 익숙해지고……. 감자, 고구마보다는 토란 농사가 낫다는 말도 할 줄 알게 되데요."

집터 곁에는 마르지 않는 개울이 흘렀다. 개울 곁에 축대를 쌓고 나남의 연수원으로 쓸 요량으로 70평 남짓한 집을 지었다. 사람 좋아하는 그의 집에 자연히 친구들이 몰려올 수밖에! 낙원과 방불한 그곳을 탐낸 친구들이 한 집 두 집 들어오기 시작했고, 지금 골짝 안에 조 대표의 친구들만 예닐곱 집 모여 살게 됐다. 이름을 대면 알 만한 학계나 문화계의 이렇다 할 분들이다.

"집은 건축가 최부득 형에게 맡겼어요. 전통 건축을 깊게 궁리하는 친구인데 그에게 세 가지를 요구했지요. 아까 말한 선비가 사는 초가집이 첫째고, 둘째는 창을 충분히 많이 내달라고 했어요. 집 안에서 집 밖을 실컷 내다볼 수 있고 안팎이 서로 들락날락할 수 있게! 셋째로 지하실을 하나 만들기 원했어요. 처형이 원장수녀로 있는데 그분이 머무는 성당에 가보면 지하에 늘 비밀통로 같은 게 있더라고요. 그 비밀스러움을 맘에 두고 있었거든요. 집 지으면서 지하 공간을 만들었더니 여간 편리한 게 아니에요. 바람이 아주 잘 통하고 습기도 전혀 없고 배선, 수도

관을 넣을 수 있어서 수리할 때도 좋아요. 집 짓는 사람들에게 그 말을 꼭 좀 해줬으면 좋겠더라고!"

그렇게 지은 집은 과연 앞뒤 풍경이 그대로 쏟아져 들어온다. 스스로 심고 키운 나무들의 사계가 온통 눈앞에서 흔들렸다. 세월 따라 나무 키가 커지면서 집은 한층 고즈넉해지고 나지막해졌다.

"이제는 수간거리를 생각해서 서로 방해받지 않도록 작은 나무는 옮겨주고 큰 나무는 오히려 베어내야 해요. 그새 포천 신북면에 나남수목원을 새로 만들었거든요. 그쪽 다니기가 멀어 여길 정리하고 그리로 떠날까 싶어지면 아침마다 뜰의 나무들이 합창해요. '우리는 누가 돌봐주는데? 우리는 어떡하라고?' 정들어 떠나지 못하고 여기 계속 눌러 앉아 살고 있어요."

벽엔 담쟁이 넝쿨이 희한한 그림을 그려놓고 있다.

"어떤 회화가 저보다 훌륭하겠어요. 여름엔 잎을 보고 겨울엔 줄기를 보는 거죠. 나남출판사 파주 사옥에도 담쟁이를 심었어요. 벽이 넓어서 2년에 한 번씩 페인트를 칠하려면 3000만 원이 든대. 그런데 담쟁이를 심으면 페인트칠할 필요도 없잖아요. 하하."

시골에 이주한 후 해 뜨면 일하고 해 지면 곯아떨어졌다. 푸르름 속에 묻힌 시간이었고, 좌절에 빠진 자신을 치유하는 시간이기도 했다. 노동을 통해 자신이 걷는 길이 올곧고 늠름한 길임을 확신하게도 됐다.

계단을 밟고 지하로 내려가면
널찍한 서재가 나온다.
지형이 경사져 집 뒤쪽에서
보면 이곳은 지하가 아니라
1층이 된다

서재 한 쪽에는 나무로 때는 벽난로가 있다

거실과 식당.
양쪽으로 문을 내 바람이 잘 통하고,
어딜 둘러 봐도 바깥 풍경이 실내로 쏟아져 들어온다

흙과 나무와 함께 살며 그는 차츰 흙이나 나무 같은 사람이 돼가고 있다. 흙이나 나무 같은 사람은 어떤 사람인가. 바람과 비와 햇볕으로 생명력을 얻을 줄 아는 사람이고, 계절이 바뀌면 새로 태어날 줄 아는 사람이고, 세속의 야잘찮은 계산속에 무심할 줄 아는 사람이다. 이런 말이 그 증명이다.

"나무를 심다보면 흙 속에 지렁이가 진을 치고 있는 것을 봐요. 나무는 햇볕과 물과 바람만 있으면 크는 줄 알았거든요. 그런데 아니에요. 실제로는 눈에 보이지 않는 표층 밑에서 지렁이가 나무의 잔뿌리와 같이 노닐어야 크는 거더라고요."

나남출판사를 얘기하면서 짧게라도 조지훈 선생을 언급하지 않으면 핵심이 빠져버린다. 그는 광주고등학교 다닐 때 강연에서 조지훈 선생을 한 번 만났다. 가르침을 받으러 고려대 법대에 진학했지만 선생은 곧 타계하신다. 아들을 낳자 아들 이름을 지훈으로 짓고, 빌딩이 생기자 빌딩 이름을 지훈으로 짓는다. '거짓과 비겁함이 넘치는 오늘 큰사람을 만나고 싶습니다'라는 기치를 내걸면서 지훈문학상과 지훈국학상을 제정하고, 평소 지훈 선생이 늘 자신을 지켜보신다고 여기면서 산다. 거실 벽에는 조지훈 선생 부인 김위남 여사가 붓글씨로 쓴 '승무'가 걸려 있다.

"내 인생의 축복은 조지훈, 박경리, 김준엽, 이청준, 김형국, 김중배

오생근 같은 스승과 선배를 모신 겁니다. 1992년에 출판한 《김약국의 딸들》을 20년 동안 100만 부를 팔았어요. 30년 전 소설이 그렇게 나갈 줄 누가 알았겠어요?"

친구들을 몰고 내가 평사리로 가던 해는 나남이 토지 판권을 매절로 사들여 22권짜리 토지 전집을 출판하던 해였다. 생전의 박경리 선생은 조 대표에게 "당신을 보면 주갑이가 떠올라. 내가 만들긴 했지만 주갑이가 가장 정 가는 인물이지." 했다는데 그 우직하고 지혜로운 현실의 '주갑이'가 지금 꾸는 꿈은 한국의 몽파르나스를 만드는 일이다.

"파리에는 사르트르와 보바르, 보들레르와 브랑쿠시가 함께 묻힌 묘역이 있잖아요. 국가 유공자를 묻는 국립묘지 말고, 우리 정신문화에 큰 족적을 남긴 문화예술인·언론인·실천적 지식인이 함께 묻히는 묘원을 만들고 싶어요. 그곳에 묻히는 것 자체가 명예가 되고 거기 묻힐 영예를 유지하기 위해서 노년이 되어도 자신의 삶을 개결하게 추스르게 되는 그런 묘원 말입니다."

이 말을 들은 것이 10년 전이다. 그런데 지금 그는 포천 신북에 자연의 정령이 살아 있는 우렁찬 산과 계곡과 숲을 가꾸고 있다. 무려 20만 평이나 되는 엄청난 땅이다. 구입 과정과 나무를 심고 가꾸는 과정에 두루 보이지 않는 기적이 작동했다. 그가 나무를 심은 것이 아니라 나무가 그를 낙점해서 자신의 몸을 땅에 꽂은 것일 수도 있다. 안 보이는 힘이 밀어주지 않으면 세상에서 큰일은 이뤄지지 않는다. 나는 그가 꿈을 이룰 것을 믿는다. 10여 년 전 버버리 자락을 휘날리며 뜨겁게 뱉어놓은 말이 뚜렷하게 현실이 되고 있는 양을 방금 내 눈으로 목격했다. 이곳은 머잖아 한국의 몽파르나스가 되고 숱한 이들이 심신을 치유하기 위해 찾아오는 힐링센터가 될 것이다.

나무를 심는 자는 시간을 지배하는 자다. 나무를 심는다는 것은 시간의 꽁무니에 방울을 매다는 것이다. 처음엔 쇠방울을 매달아도 나중엔 금방울로 변한다(그렇게 말한 사람은 너무 빨리 이 세상에서 사라져버린 그리운 이윤기 선생이다). 수백만 그루의 나무를 심고 가꾸었으니 조 대표의 귓가에는 이제 곧 금방울이 흔들리는 시간이 도래할 것이다.

포천 신북의 나남수목원 야외 테라스엔 걸개그림 같은 긴 휘장이 걸려 있고, 거기엔 이런 시('세상 가장 큰 책'_임병걸)가 쓰여 있다.

(……)
그는 세상의 유혹에 흔들릴 때   쭉쭉 뻗는 낙엽송 심었고
구상나무 심고   세상에 고함치고 싶을 때는
세상이 그리울 때   활활 타오르는
빠알간 복자기 심었다   자작나무 심었다
세상이 답답할 때는   (……)

건축가 정현화의

역삼동 '필당'

매발톱처럼 우아한 야생화 두어 뿌리만 허락했고
나무 아래 허리 팡팡한 오지항아리 서넛만 놓았다

모든 방은
자기만의 밖이 있다

●

이쯤 살고 나니 세상에 왜 태어났느냐고 묻는다면 대답할 말이 있다. 단 한 문장이다. 사람을 만나기 위해서! 그 사람이 동시대인이 아니라도 좋지만 같은 시대에 같은 공간과 시간을 호흡하는 사람이라면 더욱 좋다. 별 이야기 없이도 눈빛과 표정과 음색으로 상대를 느낄 수 있는 것이 만나는 방식치고는 최상이다.

강미선 교수(이화여대 건축과)를 처음 만나던 날, 내가 물었다. 어째서 하필 건축과를 택했느냐고. 그녀가 대답했다. "어릴 때 이웃집 아저씨가 건축가였어요. 건축가가 집짓는 사람이란 걸 처음 알았고, 그 아저씨가 지은 집이 멋있게 보여 나도 그런 걸 하는 사람이 되겠다고 결심했지요."

그 이웃집 아저씨가 바로 건축가 정현화다. 나는 정현화가 지은 필당에 관한 소문을 진작부터 듣고 있었으니 그 집에 한 번 꼭 가보자는 약속이 맺어진 건 당연한 순서였다. 그런 어느 초여름, 아직 배롱나무가 분홍꽃을 피워내기 전 우리는 함께 필당의 사랑방에 둘러앉았다.

이 집은 여느 집과는 확연히 다르다. 탁월한 건축 평론을 쓰는 민현식 선생이 이 집을 21세기형 한옥이라 불렀다는데 그 이유가 집 안에 들어와 앉자 금방 느껴졌다.

내가 자란 안동지방엔 입구자〔ㅁ〕 집이란 게 흔했다. 사랑마당을 거쳐 안마당으로 들어오면 각 채의 방들이 입구자 마당을 둘러싸고 빙 둘러 놓인 집을 말한다. 이때 안마당은 교묘해서 실외이면서 실내다. 안방과 사랑방과 작은사랑방과 중방이 고루 이 뜰과 연결되어 있다. 공간은 확장되면서 기능은 분리된다. 공간을 고무줄처럼 자유롭게 만드는 마술을 부린다. 안채와 사랑채는 엄연히 분리된 다른 지붕을 이고 있었지만 안마당을 통해 같은 공간으로 이어졌다.

나 역시 그런 입구자 집에서 나고 자라 그런 공간 구조에 익숙해 있음을 필당의 사랑방에 앉아서 비로소 생생하게 체감했다. 편안했다. 처음 가본 집이었지만 익숙하기 이를 데 없었다. 안방과 사랑방이 안마당을 사이에 두고 저만치 마주보며 놓여 있다.

대지가 넓어야 가능한 일 아니겠냐고? 그렇지 않다. 필당은 도심지 주택이다. 그것도 번잡하기로 소문난 역삼동 테헤란로에 인접한 곳이다. 대지는 딱 100평이다. 100평 안에 들어앉아 500평 같은 공간감이 생겨나는 마술을 나는 도무지 이해할 수가 없다.

이 집의 외형은 지극히 단순하다. 보통 도시의 집들이 높은 담장으로 집을 둘러싸는 게 상식이라면 이 집은 담 자체가 집의 일부다. 앞을 막아

놓고 안으로 틔어놨다. 그 대신 담 밖의 경치를 충분히 끌어들였다. 현관의 어떤 지점에 서면 대지의 동서남북 끝 지점이 한눈에 들어오게 지어졌다. 그리고 이웃집 감나무와 소나무를 내 집에서 충분히 내다볼 수 있게 경치를 빌려왔다. "조상들은 저걸 차경이라고 불렀지요." 실외를 실내에 끌어들이는 방법이 전통주택술이라는 거다.

 이건 자나 깨나 공간을 사색하고 성찰하는 건축가 정현화가 만든 집이다. 남의 집을 짓던 건축가가 땅을 사둔 지 20년 만에 평생의 공부를 모아, 그동안 꿈꿔온 공간을 실현해놓은 회심의 공간. 그게 바로 필당이다. 그러면서 이름은 아무 특별할 것도 없는, '아무렇지도 않고 사철 발 벗은 아내 같은' 필부필녀匹夫匹女에서 가져왔다. 자신의 존재감을 드러내지 못해 안달인 세상에서 그저 그렇고 그렇다는 의미의 '필당匹堂'은 되려 싱그럽게 도드라진다.

하긴 정현화는 작명에 일가견이 있다. 오랫동안 남과 함께 일하는 설계 조직에 몸담고 있다가 중년을 넘겨 독립된 제 회사를 가지게 됐을 때 그가 지은 회사 이름에 나는 무릎을 친다. 바로 구간具間이다. 구간건축. 이 말은 건축이 지향하는 모든 것, 건축의 고유한 힘과 자존심을 모조리 포함한다.

우주는 무릇 공간과 시간으로 이뤄져 있고, 거기 인간이 깃들어 산다. 시간과 공간과 인간. 이 거대한 철학적 명제 위에 얹힌 것이 구간이다. "간間이란 말이 하도 커서 앞에 놓인 구具는 아주 사소하고 뜻 없는 글자를 써봤어요."라고 말하지만 그럴 리 없다. '구'는 철근이고 돌이고 흙이고 나무다. 눈에 보이는 물건들은 모조리 '구'다. 건축이란 바로 그것들의 사이[間]를 만드는 것일 수밖에 없고, 인간이 그 사이에 들어가서 삶을 꾸린다.

사랑방으로 쓰이는 공간에 들어서면서 나는 "여기가 거실인가요?"라고 물었다. 아, 그건 필당에서 저지른 내 첫 번째 실수였다. 정현화 선생은 "우리집에 거실이란 공간은 없습니다."라고 대답했다. 그리고 일목요연하고 논리정연한 해설이 이어졌다.

"아파트가 일반화되면서 방 이름을 기능 위주로 붙였어요. 전통 주택이 가지고 있던 정신은 그렇지 않았죠. 한옥은 거실, 침실, 식당으로 분류되지 않고, 기능이 정해지지 않은 모호한 공간으로 구성되어 있잖아

사랑방에 놓인, 정현화가 독서하는 책상.
정면엔 소나무가, 고개를 왼쪽으로 돌리면 배롱나무가 바로 눈앞에 놓인다.
툇마루에 눈이 쌓이면 눈과 나란히 눕는다

요. 안방과 건넌방이란 명칭은 위치만 지정할 뿐 필요에 따라 한시적으로 다른 기능들을 감당할 수 있지요. 나는 여기서 글을 쓰고 책을 읽어요. 그러니 서재지요. 김 선생 같은 손님이 오면 응접실이 되는 거고요. 잠을 자니 침실이 되고 음악을 들으니 리스닝 룸이 되고 차를 마시니 다실도 되지요. 그런 융통성과 변화를 수용하는 것이 바로 한옥의 정신이거든요."

그렇다. 이렇게 기분이 좋을 수가 없다. 필당은 사랑채와 안채가 마주 보고 있는 한옥이다. 비록 기와지붕에 도리기둥에 서까래를 얹어 짓지는 않았을지라도 한옥의 정신이 고스란히 살아 숨 쉬는 공간이면 그게 한옥 아니고 무엇이랴.

필당의 가장 큰 특징은 안마당이다. 안마당에 심어 놓은 배롱나무다. 집안 어디서나 이 자그만 뜰이 내다보이고 뜰 안 배롱나무의 사계가 한

눈에 들어온다. 멀리 공부하러 간 딸들은 전화 통화에서 빼놓지 않고 나무의 안부를 묻는다.

"새잎 돋았어요? 꽃 피었어요? 단풍 들었어요?"

안부를 묻고 그리워하는 중에 가족으로 편입되었으니, 그것이 곧 나무의 역사다. 지금 푸른 잎이 넌출거리는 그 나무가 그냥 심겨졌을 리 없다. 낙점의 조건이 까다로웠다. 사계가 선명해야 하고 수형이 아름다워야 하고 꽃이 화사해야 하고 잎이 너무 넓어 그늘이 과하지 않아야 했다. 그 조건을 두루 만족시킨 게 바로 배롱이었다.

뜰은 텅 비웠다. 잔디를 심지 않고 흙마당을 그냥 남겨뒀다. 그래야 비 오는 날 눈 오는 날을 충분히 즐길 수 있으니까! 매발톱처럼 우아한 야생화 두어 뿌리만 허락했고, 나무 아래 허리 팡팡한 오지항아리 서넛만 놓아뒀다. 담담하고 고요힌 뜰이다. 비어 있되 충만하다.

그러나 이 뜰은 네모로 꽉 막힌 공간이 아니다. 안방 앞 쪽으로 자그만 통로를 만들었다. 거기 갖가지 일년초를 키우고 상추와 고추 같은 채소들을 길러먹는 텃밭도 됐다.

사랑채와 안채는 높낮음의 차이가 있다. 15센티미터 높이의 계단 여섯 개가 두 평면 사이에 존재한다. 15×6=90센티미터! 그래서 남편이 사랑채 책상 앞에 앉아서 내다보면 안채 부엌 싱크대 앞에 서서 일하는 아내와 눈높이가 같아진다. 이렇게 둘의 눈이 맞춰지도록 치밀하게 계

꽃핀 배롱과 잎 핀 배롱.
멀리서도 다투어 안부를 묻는 이 집의 핵심 가족이다

산했다. 자로 재지 않았지만 20년간 머릿속에 그린 그림이라 펼쳐 놓으니 딱 맞아떨어졌다.

"계단이 5개 정도면 딱 알맞은데……, 그만 한 칸이 높아졌어요."

사랑채 이 자리에 앉으면 안채에 무슨 일이 있는지 이층 두 딸들 방에 언제 불이 꺼지는지 집안 전체를 한눈에 관망할 수 있다.

사랑채가 북으로 창이 났다면 마주보는 안채는 당연히 남향이다. 역시 마당을 향해 열렸고 하늘이 무진장 내다보인다. 현관에 들어서 오른쪽 여섯 계단을 올라가면 사랑채고, 왼쪽으로 여섯 걸음 걸어들어가면 안채다. 안채, 이름만으로도 정겨운 곳. 이곳은 예전 대청마루의 역할을 하는 곳이다. 거기 부엌이 이어져 있다.

대청에 놓인 식탁은 한꺼번에 열두 명이 앉을 수 있을 만큼 품이 크나. 물론 식탁만의 기능일 리 없다. 책상이고 작업대이고 찻상이다. 가족들이 이곳을 중심으로 모여들 수밖에 없도록 구성되어 있다. 안채와 사랑채를 이어주는 복도는 복도가 아니다. 앉아서 마당을 내다보거나 다리를 펴고 책을 읽을 수 있는, 폭이 좁아서 더 정다운 공간이다.

"120센티미터짜리 일반 복도를 20센티미터만 더 넓혀도 그냥 통로가 아니라 따로 제 주장을 하는 공간이 됩니다."

그가 자기 집을 짓기 전에 작심한 원칙은 네 가지였다. 첫째, LDK(리빙 다이닝 키친)니 뭐니 하는 공간의 기능적 개념을 벗어나자. 둘째, 지표에서 살자. 셋째, 전통 공간의 위계질서를 되살리자. 넷째, 내 맘대로 짓자!

가장 중요한 것이 넷째 원칙이었고, 거기 충실했던 게 남쪽을 과감히 막아버린 점이다. 이건 상식에 어긋나는 짓이다. 클라이언트가 주문한 집이라면 절대 거기 찬동할 사람이 없을 파격이었다. 그러나 그는 미리 알았다. 미래 예측력은 건축가의 필요충분조건! 길로 면한 남쪽에 머지않아 흉물스런, 아니 흉물까지는 아니라도 적어도 날마다 내다보고 살기는 싫을 집들이 들어설 날이 오리라는 걸! 그래서 남측을 아예 막았다. 벽을 쌓고 거기 책을 뒀다. 사랑채는 반드시 종일 밝아야 할 필요는 없고 그저 북창으로 들어오는 인색한 볕만으로도 독서하기에 충분할 거라는 계산이었다.

그 대신 안마당과 옆마당을 향해 욕심껏 너른 창을 냈다. 앞마당엔 배롱나무를, 동쪽 마당엔 소나무 세 그루를 심었다. 그 두 마당은 바깥에서 계단으로 연결된다. 유리 너머 마당이, 마당 너머 안채가 보이는 겹겹의 공간은 다시 안마당에서 사랑마당으로 연속된다. 공간들끼리 서로 중첩되고 확장된다. 여기서 자연과 어우러지고 거기서 생기는 깊이와 켜가 필당의 거부할 수 없는 매력이다.

마당을 둘러싼 모든 방들은 자기만의 외부 공간을 하나씩 가지고 있다. 안채는 중정을, 사랑채는 중정과 외부 테라스를, 2층에 위치한 두 방은 각각 외부에 테라스를 가지고 있다. 이는 단순한 내·외부 공간의

연결이기보다는 방 주인에게 생활의 자율성을 부여하기 위한 것이다. 이는 전통적인 가족관계에 대한 도전이기도 하다. 정현화는 주거생활 속에서 가족이 필연적으로 만날 수밖에 없도록 되어 있는 근대주택의 동선 계획을 일단 받아들이기는 하지만 각 방이 갖는 독자성도 함께 보장하고 싶었다.

또한 방의 크기를 내부에만 국한하지 않고 각 방과 연결된 외부 공간에까지 확장시켰다. 모든 방이 외부 공간으로 트여 있어 가능한 일이다. 눈 오는 날, 테라스에 소복이 쌓여가는 눈을 바로 옆에 두고 사랑방에 누워 있으면 자연과 하나가 되는 느낌에 닿을 수 있다. 식당과 가족방, 객실, 응접실의 역할을 하는 공간1과 사랑방, 서재, 응접실 등이 되는 공간2는 각각 여성적·남성적 공간이다. 이 두 공간은 마당을 사이에 두고 서로 바라보며 쉼 없이 대화를 나눈다.

"이 집이 저한테 가르쳐준 것은 입면도, 재료, 디테일 같은 장치로서의 건축보다 오히려 집에 깃들어 살면서 물을 준만큼 꽃이 피고, 참새, 나비, 까치가 날아오고, 계절에 따른 변화를 몸으로 느끼는 게 더 중요하다는 깨달음이에요."

집을 지을 때 건축가는 고도로 계산한다. 그러나 더 중요한 것은 설계자의 의도가 아니다. 그게 바로 '자연'이다. 빛이 떨어져서 생기는 그림자의 변화, 중정 하늘을 나는 수십 마리의 잠자리, 하얗게 떠가는 구름, 흙마당 위로 떨어진 꽃잎 등 자연은 생각지도 않은 것을 스스로 연출한다. 이러한 자연 요소를 집안에 끌어들였기에 '필당'은 아름답다. 건축가 정현화는 이런 자연의 요소를 귀하게 여길 줄 알았다. 그랬기에 옆집 어린 여중생을 건축가로 이끌어 동학으로 평생 함께할 수 있는 행운을 얻게 됐다.